厚積學

打破想像的桎梏

盪鞦韆五原理×摺紙實驗佐證
你只要每天進步1%，總有一天會變得無比強大！

康昱生 著

把一張足夠大的紙反覆摺疊52次，厚度竟有地球到太陽的兩倍距離！
你能相信嗎？經過科學模擬計算，這個結論的確屬實！
盪鞦韆會越盪越高是為什麼？是因為前面每次的加速度在推進，
但只要有一次偷懶沒有用力盪，就會前功盡棄！

看似偉大的成果沒什麼大不了，就是很多很多的小努力累積！

目　錄

目錄 ━━━━━━━━━━━━━━━━━━━━━━━━

前言

你相信嗎？把一張足夠大的紙重複摺疊 52 次，其厚度接近於地球到太陽間距離的 2 倍。透過科學模擬計算，其結論是真實的。這一看似簡單的重複動作，所產生的結果卻是驚人的。而這種貌似「突然」的成功，是我們平時腳踏實地去做事才能產生的「奇蹟」。

本書正是從摺紙所引發的思考為線索，依據盪鞦韆的五個原理，進一步闡述了重複創造成功的要義。願每一個志向遠大的年輕人積極開啟自身「重複」的機制，去創造一系列的成功。

前言 ────────────────────────

引子
—— 從摺紙的問題開始

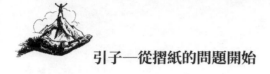

把紙摺疊 52 次

現在，讓我們從摺紙問題導入正題 ——

給你一張足夠大的紙，這張紙當然是無限大的。你所要做的是重複這樣的動作：對摺。無論你採用的是「溼摺法」，還是其他什麼方法，只要你不停地對摺。

我們的問題就是，當你把這張紙對摺了 52 次的時候，所達到的厚度有多少？你可以在這個問題上充分發揮你的想像力。

十層樓或者幾公里那麼厚，這大概是你所能想到的最大值了吧？透過電腦的類比計算，這個厚度接近於地球到太陽之間的距離的 2 倍。也就是說，這個距離是人們乘坐太空船從地球飛到太陽，再從太陽返回到地面的距離。

也許你的太空船是無法靠近太陽表面的，但這無關緊要，真正主要的是，透過科學的計算，這個距離是真確的。

你此時會是什麼表情，驚訝？不信？還是不可能？但這的確是沒錯的，就是這樣簡簡單單的重複動作，是不是讓你感覺好似一個奇蹟？

如果把這種重複動作運用到我們追求成功的道路上，那麼我們也一定會創造出更多的奇蹟。可是，為什麼看似毫無分別的重複摺疊，會有這樣驚人的結果呢？換句話說，這種貌似「突然」成功的根基何在？

每天進步一點點

要想達到這種貌似「突然」的成功，就需要我們平時腳踏實地地去做事，一點點重複累積，動作看似簡單，可是它所引發的成就卻是驚人的。

每一次的重複摺疊，最終會帶來一場「翻天覆地」的變化。成功就是腳踏實地去做好每件事，每天都能夠進步一點點。

成功來源於諸多要素的幾何疊加。

比如，每天笑容比昨天多一點點；每天走路比昨天精神一點點；每天行動比昨天多一點點；每天效率比昨天提高一點點；每天方法比昨天多找一點點……正如數學中 $20\% \times 20\% \times 20\% = 0.8\%$，而 $30\% \ 30\% \times 30\% = 2.7\%$，每個乘積只增加了 0.1，而結果都幾乎是成倍成長。

每天進步一點點，假以時日，我們的明天與昨天相比將會有天壤之別。我們再來看這樣一道小智力題：

荷塘裡有一片荷葉，它每天會成長一倍。假使 30 天會長滿整個荷塘，試問第 28 天，荷塘裡有多少荷葉？答案要從後往前推，即有 1/4 荷塘的荷葉。這時，假使你站在荷塘的對岸，你會發現荷葉是那樣的少，似乎只有那麼一點點，但是，第 29 天就會占滿荷塘的一半，第 30 天就會長滿整個荷塘。

　　正像荷葉長滿荷塘的整個過程，荷葉每天變化的速度都是一樣的，可是前面花了漫長的 28 天，我們能看到荷葉只有那一個小小的角落。這和上面提到的摺紙問題的道理是一樣的：如果我們只摺疊 49 次甚至是 50 次，其結果要和 2 倍於地球到太陽的距離相比，相差實在是太遠了。

　　在追求成功的過程中，即使我們每天都在進步，然而，前面那漫長的「50 次」因無法讓人「享受」到結果，常常令人難以忍受。人們常常只對「第 51 次」的希望與「第 52 次」的結果感興趣，卻因不願忍受漫長的成功過程而在「第 50 次」放棄。

　　由此可見，每天進步一點點，它本身具有無窮的威力。只是需要我們有足夠的耐力，堅持腳踏實地的工作態度，堅持到「第 28 天」或摺疊到 51 次以後，我們的成功也會不期而至。

　　成功就是簡單的事情重複著去做。就像盪鞦韆一樣，每一次我們都重複同一個動作，但是每個動作之後，都會增加一點我們的高度。每天進步一點點是簡單的，之所以有人不成功，不是他做不到，而是他不願意做那些簡單而重複的事情。因為越簡單，越容易的事情，人們也越容易不去做。

　　一個人，如果每天都能進步一點點，哪怕是 1% 的進步，試想，有什麼能阻擋得了他最終達到成功呢？一個企

業，如果每天都進步一點點，成為其企業文化的一部分，當其中的每個人每天都能進步一點點。試想，有什麼障礙能阻擋得住最終的奇蹟發生呢？

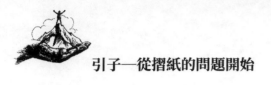

引子—從摺紙的問題開始

第一章
《把信送給加西亞》的故事

羅文的故事

　　重複會創造成功，這看似很簡單的道理其中卻蘊涵著無窮的魅力。你也許不會相信這樣的道理，先看一則故事，你會從這個故事中體會到深層的內涵。

　　西元 1898 年，美國和西班牙的戰爭即將爆發，美國總統威廉‧麥金利（William McKinley）急需相關情報，因為他明白，取勝的關鍵在於與古巴的起義軍共同作戰。當然要和起義軍首領卡利斯托‧加西亞（Calixto García）取得聯繫是十分困難的。

　　「到哪裡才能找到一個能夠把信送給加西亞的人？」麥金利總統問軍事情報局局長亞瑟‧瓦格納（Arthur Wagner）上校。上校當即回答：「在華盛頓有個名叫安德魯‧羅文（Andrew Roman）的中尉，他一定能給你把信送到。」

　　「派他去！」麥金利總統果斷地下達了命令。

　　命令是如此簡潔，與瓦格納的回答一樣乾脆俐落。

　　一個小時後，大約中午時分，瓦格納上校通知羅文中尉下午一點到海陸軍總部與他共進午餐。飯桌上這位出了名的幽默上校問羅文：「下一班去牙買加的船什麼時候開？」

　　羅文感到很意外，想了一下，回答他：「一艘名為阿迪羅達克的英國輪船明天中午從紐約出發。」上校馬上說：「你

能搭這艘船離開嗎？」羅文還以為他又在開玩笑，也就順口說：「沒問題！」他說：「好，那你就準備出發吧！」

這時，上校嚴肅地說：「總統派你給加西亞將軍送一封信，他在古巴東部的某地，現在我命令你把信送到他那裡，信中有總統的重要指示。任何證明你的身分的東西你都不能帶，你知道，美國歷史上已經有太多這樣的悲劇和教訓，那些犧牲者包括獨立戰爭中的內森·黑爾（Nathan Hale）和美墨戰爭中的利奇中尉，我們不能再冒險了。這次，你絕不能出差錯！」

這時羅文才意識到上校不是在開玩笑，他的表情變得更加嚴肅了。

「到了牙買加，有古巴聯絡處的人安排你出發，我們不知道加西亞將軍在哪裡，後面的事情就靠你自己了，我這裡沒有其他具體的指示了。」上校接著說：「你要知道，如果美國和西班牙宣戰的話，你帶回的情報將是整個戰略部署的依據。這項使命就全權由你負責，你肩負重任。火車半夜出發，祝你好運！」臨別時，上校叮嚀道：「一定要把信送給加西亞！」

第二天中午，羅文沒有得到任何指示，除了要求他「把信送給加西亞」，並帶回一些情報之外，他就出發了。

阿迪羅達克號輪船按時起航，一路還算平安。羅文在路

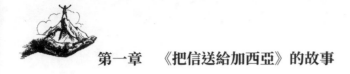

第一章 《把信送給加西亞》的故事

上盡量不和別人聊天，以防無意間走露風聲。

到了牙買加之後，羅文和一個名叫格瓦西奧·薩比奧的人，取得了聯繫，他是因為反抗西班牙人才被流放到這裡的。現在他被指派做羅文的嚮導，直到羅文把信送到加西亞將軍那裡。

一路上，他們遭遇過西班牙士兵的攔截，也在粗心大意的西屬海軍少尉的眼皮底下溜過古巴海域，還在聖地牙哥參與了游擊戰。

最後，他們歷經千難萬苦，終於到達了加西亞將軍的駐地 —— 巴亞莫河畔的瑞奧布伊。漫長而艱辛的旅程終於結束了。苦難、失敗和死亡都離他們遠去。

羅文成功了！那天的當地報紙報導說：「古巴將軍強調，羅文中尉的到達極大地鼓舞了古巴軍隊。」

當羅文來到加西亞將軍指揮部門前，看到迎風飄揚的古巴國旗時，羅文激動不已。他們排成一列，一起下馬。將軍認識格瓦西奧，格瓦西奧先走進大門。不久，他和加西亞將軍一起走出來。將軍熱情地歡迎羅文，把羅文請進來，並將他一一介紹給自己的部下，這些軍官身著白色軍裝，腰帶武器，威風凜凜。

　　羅文向加西亞將軍說明了他執行的軍事任務：一方面是把總統給加西亞的信 —— 那封重要的外交函件 —— 送給他本人；另一方面，美國總統和軍事統帥部還急於了解古巴戰況的最新情報（美方已經向古巴中部和南部派遣兩名軍官，但是他們都沒能到達目的地）。

　　最為緊要的是美國必須了解西班牙軍隊占領區的情況，包括西班牙兵力的多少和部署、敵方指揮官特別是高級指揮官的性情、西班牙軍隊的士氣以及整個國家和地區的地理條件和道路情況，總之是任何可以提供給美方的相關軍事情報。最後，最重要的是美軍與古巴軍隊聯合作戰的計畫。

　　經過加西亞將軍和部屬們的緊急協商後，羅文也得到了滿意的答覆，加西亞將軍又派人護送羅文回國。

　　就這樣，羅文不僅出色地把信送給了加西亞，而且還從加西亞那裡為總統帶回了寶貴的情報，並在戰爭中取得了決定性勝利。從此，羅文被奉為英雄。

　　這就是 2000 年被美國《哈奇森年鑑》和《出版商週刊》評為「有史以來世界最暢銷圖書」第 6 名的《把信送給加西亞》。

羅文的成功定律

從上面的故事中我們可以看出，羅文遵循了這樣幾條成功的定律：

第一條成功定律，那就是熱忱！他渴望完成自己的工作，他對目標抱著夢想般的熱情。他百折不撓去達到自己的目標，沒有絲毫的放棄和偷懶行為。這就像盪鞦韆一樣，鞦韆所盪的高度與每一次加力是分不開的，任何一次偷懶都會使他前功盡棄。

羅文中尉不允許有任何絆腳石阻擋自己的道路。任何事情都不能阻止他去完成自己的任務。你願意像羅文那樣，腳踏實地，負重前行，用看似簡單的重複去創造成功嗎？

為了完成任務，羅文千方百計去克服困難。叢林密布、山巒險峻、蛇毒水臭、蚊蟲凶猛、敵軍穿梭，他都無所畏懼。整整三個星期，他在密林中輾轉前行，一步一腳印前行，並最終完成了自己的使命。

在成長的道路上，你運用自己的聰明才智去取得成功了嗎？成功的第二條定律就是：運用頭腦，發揮聰明才智，在危急時刻，保持冷靜的分析和思考，這樣才能昇華自己的成功，增加自己成功的厚度。羅文用他的才智做了什麼？他巧妙地躲避了危險，敏捷地抓住了機遇。但是他有一道僅

憑才智過不去的坎，那就是一而再、再而三的挫折，這些壓力和坎坷並不挑戰你的頭腦，而是挑戰你的意志，挑戰你的勇氣。

在我們的周圍這樣的人太多了，當困難重重時，他們就「畏縮不前」，手足無措。當橫生意外時，許多人就「退縮」，還說什麼「我不能應付這種事！」他們聲嘶力竭地大叫：「你並沒有告訴我這個呀！我已經盡力了 —— 我不做了！」當這種事發生時，你還會有機會摺疊好自己生命的厚度嗎？

羅文還有著一種堅忍不拔的精神 —— 這是第三條成功定律。他堅持不懈，直到大功告成。他有自己的個性。他從不放棄，置生死於度外。即使精疲力竭，他仍下定決心，咬緊牙關，努力達到最後的勝利。

你展現了多少這樣的堅韌呢？當衝突激烈時，當你犯了錯誤時，當功敗垂成時，你是否會放棄，痛哭流涕地大喊「我完了，沒希望了，我退出吧？」可見，這種看似簡單的重複，需要你用心去認真對待，任何時候都不要輕易放棄。

第四條成功定律就是專注於目標，清楚地了解它，緊緊地盯住它。羅文懷抱一個目標，他知道自己的使命是什麼。希望就在面前，他總是緊緊盯著它，不讓它模糊不清。

像羅文那樣摺疊生命

　　身為一名精神戰士，我們需要的正是以上這幾種成功的態度，我們應該像羅文那樣摺疊好自己的生命。我們達到精神目標的唯一途徑就是腳踏實地，用重複創造成功，而不是抱頭鼠竄，成為敵人的標靶。

　　在我們這樣一個各顧各的、索然無味的社會，工作上拖拖拉拉，生意上狡詐多疑，人們推來擠去，都是衰敗的徵兆，像羅文所表現出來的這些特質越來越罕見了。

　　羅文甘願冒生命危險去完成一項艱險的任務，不計榮譽、獎賞和回報。他腳踏實地，披荊斬棘，歷盡千難萬險。你呢？你是不是在努力效仿呢？你真的在竭盡全力在摺疊自己生命的厚度嗎？

　　像羅文這樣的人，我們應該為他塑造銅像，以表彰他的精神。年輕人所需要的不僅僅是從書本上學到的知識，也不僅僅是他人的種種教誨，而是要塑就一種精神：踏踏實實做事，全力以赴地完成任務 ——「把信送給加西亞」。

　　無論是摺紙也好，還是盪鞦韆也好，我們真正需要的是，在看似簡單的重複動作中，領悟到像羅文那樣踏實做事的真正內涵，從而把自己的生命摺疊 51 次、52 次，甚至更多⋯⋯

第二章
摺紙機 5 大原理

原理 1

　　鞦韆所盪到的高度與每一次加力是分不開的，任何一次偷懶都會降低本身的高度，所以動作雖然簡單卻需要自己踏踏實實去做。

　　在我們生活周圍，每個人都會做卻又不屑於做的動作和事情，貫穿於整個日常生活，甚至你完成了這樣的一個動作，自己都不記得。比如你每天都會處理日常的瑣事，你會記得你用怎樣的動作完成它們的嗎？這也正像全世界都談論「改變」、「創新」等等時髦的概念時，「踏實」是每個人都能夠做到的，可是你真正領悟到了新含義的「踏實」了嗎？

　　先讓我們來看這樣一則寓言：

　　兩隻青蛙在覓食中，不小心掉進了路邊的一個牛奶罐裡。牛奶罐裡還有為數不多的牛奶，但足以讓青蛙們體驗到什麼叫滅頂之災。

　　一隻青蛙想：完了，完了，牛奶罐這麼高啊！我是永遠也出不去了。於是，牠很快就沉了下去。

　　另一隻青蛙在看見同伴沉沒於牛奶中時，並沒有一味放任自己沮喪、放棄。而是不斷告誡自己：「上帝給了我堅強的意志和發達的肌肉，我一定能夠跳出去。」牠時時刻刻都在

鼓起勇氣，鼓足力量，一次又一次奮起、跳躍 ── 生命的力
量與美展現在牠每一次的奮力跳動之中。

　　不知過了多久，牠突然發現腳下黏稠的牛奶變得堅硬起
來。原來，牠的反覆踐踏和跳動，已經把波狀的牛奶變成了
一塊乳酪。不懈地努力和掙扎終於換來了自由的那一刻。牠
從牛奶罐裡輕盈地跳了出來，重新回到了綠色的池塘裡。而
那一隻沉沒的青蛙就那樣留在了那塊乳酪裡，牠做夢都沒有
想到會有機會逃離險境。

　　是堅持還是放棄，結果有著天壤之別。

　　只要你仔細想一想，就會發現那隻跳出牛奶罐的青蛙，
所做的事情一點也不需要過人的智慧，只是一環扣一環地跳
躍，也就是我們常說的「一步一腳印」，用重複創造成功。

　　踏實地做事並不等於原地踏步、停滯不前。它需要的是
有韌性而不失目標，時刻在前進，哪怕每一次僅僅延長很短
的、不為人所矚目的距離。就像那隻青蛙一樣每一次跳躍，
都增加腳下的高度，儘管每次高度很矮，但是牠沒有放棄最
後的目標，牠最終跳出了牛奶罐，你願意做哪隻青蛙呢？

　　可見，這種「突然」的成功大多來自那些前進量微小而
又不間斷的「腳踏實地」。

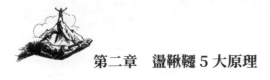

第二章　盪鞦韆 5 大原理

■ 偷懶，只會降低你成功的高度

有這樣一個有趣的故事，可以說明任何一次偷懶都會降低你成功的高度，它使你無法達到生命的厚度。

在美國南方的某個州，那裡現在仍然使用燒木柴的壁爐來取暖。過去那裡住著一個樵夫，他替某戶人家供應木柴達兩年多之久。這位樵夫知道木柴的直徑不能大於 20 公分，否則就不適合那家人特殊的壁爐。但是，有一次，他給這個老雇主送去的木柴大部分都不符合規定的尺寸。雇主發現這個問題後，就打電話給他，要他調換或者劈開這些不合尺寸的木柴。

但是他的要求遭到了那個懶惰的樵夫的拒絕。這個雇主只好親自做劈柴的工作，他捲起袖子，開始工作。做到一半的時候，他注意到一根非常特別的木頭。這根木頭有一個很大的節疤，節疤明顯地被人鑿開又重新塞住了。

他非常好奇，他掂量了一下這根木頭，覺得它很輕，彷彿是空的，他就用斧頭把它劈開了。這時，奇怪的事情發生了，從劈開的木柴中散落了很多美元。他數了數恰好有 2,000 美元，很明顯，這些鈔票已經藏在這個樹節裡許多年了。這個人唯一的想法是使這些錢回到它的主人那裡。

於是，他抓起電話打給那個樵夫，問他從哪裡砍了這些

木頭。「那是我自己的事。」這位樵夫的消極的心態表露無遺。現在，這個故事的要點並不在於諷刺。我們中有很多人總盼著發財的機會，但他們一點都不肯吃苦，這也不想做，那也不願做，只想等好運氣降臨。他們不懂，其實好運氣永遠是為勤奮踏實的人準備的。

要知道，好運在每一個人的生活中都是存在的，然而，以消極懶惰的心態對待生活的人卻會阻止佳運降福於他。同樣，你若讓鞦韆盪到一定的高度，任何一次簡單的重複動作都不能有偷懶的嫌疑，否則你會永遠處於人生的低谷。

所以，真正的幸福絕不會光顧那些懶惰的人們，幸福只在辛勤的工作和晶瑩的汗水中。懶惰，只有懶惰才會使人們精神沮喪、萬念俱灰；工作，也只有工作才能創造生活，給人們帶來幸福和歡樂。任何人只要工作，就必然要耗費體力和精力，工作也可能會使人們精疲力竭，但它絕不會像懶惰那樣使人精神空虛、精神沮喪。

你的生命原本是指向更富裕的生活，而貧窮違反了生命本來的欲求，你絕不是為了今天在茅屋中穿著襤褸的衣服，餓著肚子過日子而出生在這個世界的。你應該把你的生命摺疊更厚、更高才對！假伸人們堅決地要求，並不斷地奮鬥去取得這富裕和充足，總有一天會了解這條規則 —— 人人都能把自己的生命摺疊 52 次。

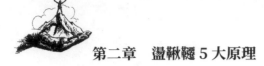

　　假使普天下的貧困者，能夠從他們頹喪的思想、不良的環境中轉身過來，而把自己人生的「鞦韆」盪得更高；能立志要脫離貧困與低微的生存，那麼在最簡單的重複動作中，這種決心，一定可以使自己達到一種貌似「突然」的成功。

　　許多人總以為自己已盡其最大的努力與貧窮對抗了，實則他們並沒有盡其一切的可能去努力。就事而論，你的人生鞦韆盪不到一定高度，是因為偷懶的行徑使原本堅固的思想有了懈怠。世間許多的貧窮，都是由懈怠所造成，都是由奢侈、浪費及不願努力、不肯奮鬥所造成。

　　人類有幾種堅強的特質，是與「貧窮」、「困境」水火不相容的。

　　自恃與自立是堅強品格之基石。我們常能發現，在那些雖則貧窮、雖則不幸，而仍然努力奮鬥的人之間，這種品格非常明顯。但是一個因失掉了勇氣，失掉了自信，或因懶得去努力奮鬥而至於貧窮的人，卻沒有這種堅強的品格。與那些在不斷去取得富裕的努力中鍛鍊出大量的精神力和道德力的人相比較，這種人是一個弱者。

　　要堅定意志，要在世界上顯出你的真面目，要一往無前地朝「成功」、「富裕」之目標前進。而世界上沒有一件東西，可以推翻你的這種決心時，你會發現，從這自尊心理、自信心理中，你是可以增加生命的厚度的。

懶惰的特徵

懶惰者的重要的特徵之一就是拖延，昨天的事往往拖到後天才能完成。富有主動進取精神的人一般都特別厭惡拖延。因為他們知道，就像盪鞦韆一樣，任何一次拖延的行為都會降低你前一次重複的結果。

對於失敗的事實，習慣性的拖延者必定要製造種種藉口與託辭。和相信「我們只要增強信心，努力工作，我們就可以完成任何事」的念頭相比，尋找「事情太難、太費時間」的理由要簡單得多。

拖延是如此的司空見慣，如果你仔細觀察周圍，你將發現，拖延正在無形之中降低我們生命的厚度。我們常常會為自己找些藉口，以使自己輕鬆舒服。有的人可以果斷地克服惰性，主動迎接挑戰；有的人卻優柔寡斷，被行動和拖延所困惑，不知如何去摺疊自己的生命，來提高自己成功的厚度。

拖延如果形成習慣的話會消減人的意志，使人失去信心，懷疑自己的決心；當然，有時候思考過多、猶豫不決也會造成拖延。謹慎是必要的，但過於謹慎只會失去機會。

要想盡辦法不拖延，在考慮清楚後立即動手，絕不拖延。要把惰性扼殺在萌芽狀態，不讓它有任何乘虛而入的可

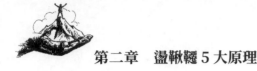

第二章　盪鞦韆5大原理

能。你的生命是靠自己的雙手去不斷地摺疊的，懶惰的思想只會扼殺你對成功的欲望。

從你的個性中根除拖延的習慣吧！否則的話，它會吞噬你的意志，使你難以取得任何成就。

懶惰的傷害

沒有人天生就是懶人，因為大凡是人就總希望有事可做，就像大病初癒的人總是希望四處走走，做點事情。從某方面講，懶惰的人不是健康有問題，就是不喜歡所從事的工作，是思想上出了點小問題。

怠慢會導致無所事事，無所事事會引發懶惰。而工作卻可引導興趣，進而形成熱情和上進心。心理學家認為：大腦無法支配情緒，但實際行動卻可以使情緒改變。選擇你樂意做的事，之後把你的人生鞦韆盡力盪高一點。

在公司裡，很多人都認為主管太苛刻，因而不願為他努力工作。他們忘記了：工作時無所事事對自己的負面影響其實是最大的。有些人費盡心思逃避工作，卻不想投入同等的時間和精力努力工作。他們事實上是在愚弄自己。主管可能不能了解員工的每一個工作細節，但任何一個明智的管理者都明白，努力工作的結果會是什麼樣的。

升遷和獎賞絕不會降臨在對工作無所用心的人身上。只

有踏實認真去工作的人，生命的厚度才會有所增高。

腳踏實地的工作態度不僅會贏得主管的讚賞，也會得到別人的讚許，還能給自己帶來最可貴的財富 —— 自信。

懶惰傷害的往往是自己的心靈。那些被懶惰吞噬了心靈的人是無法看透事物的本質。他們相信的是運氣之類的東西。別人發財了是幸運，知識廣博是天賦，深受眾望是機緣。他們只是坐在原地，不知道去認真摺疊自己的生命，哪怕是只有一次，就能達到成功的厚度。

他們關注的僅僅是摺疊到 51 次、52 次甚至更多次的結果，他們對黑暗與痛苦避而遠之；他們沒有了解到，夢想的實現來源於不斷重複的努力和非同尋常的付出。機緣也只鍾情於那些有韌性而不失目標的人。

克服懶惰的辦法

如果你的夢想產生時，沒有立即行動，可能會因為一再猶豫，無疾而終；如果你的人生鞦韆剛剛盪起，沒有立即採取行動，就會使你掉入人生的低谷。

記住：立即行動！

這是最好的自動啟動器。不管什麼時候，如果察覺到懶惰、拖延的惡習正在侵襲你，或者這種惡習已經纏住你了，這四個字都是對你的最好提醒。這是克服懶惰的最好方法。

　　不管什麼時候都有許多事情要做，要克服懶惰，你不妨從遇到的隨便一件事上入手。不要在意是什麼，關鍵在於打破遊手好閒的壞習慣。從另一個角度說，假如你要躲開某項雜務，你就要針鋒相對，立即從這項雜務入手。要不然，這些事情還是會不停地困擾你，使你厭煩而不想動手，你的生命也永遠無法達到一定的厚度。

　　養成習慣，先從小事上練習「立即行動」，這樣你很快便會養成一種強而有力的習慣，在緊要關頭或有機會時便會「立刻掌握」。

　　「立即行動」的習慣可以改變一個人的態度，使他由消極轉為積極，使原先可能糟糕透頂的一天變成愉快的一天。

　　懷特是哥本哈根大學的學生，有一年暑假他去當導遊。因為他總是自願做許多額外的服務，因此幾個芝加哥來的遊客就邀請他去美國觀光。旅行路線包括在前往芝加哥的途中，到華盛頓特區進行一天的遊覽。

　　懷特抵達華盛頓以後住進了飯店，他在那裡的帳單已經預付過了。可是晚上，他發現自己放護照和錢的皮夾不見了，他立刻跑到櫃檯詢問。「我們會盡量想辦法。」飯店經理說。第二天早上仍然找不到，懷特的零用錢連 2 美元都不到。獨自一人在異國，應該怎麼辦呢？打電報給芝加哥的朋友向他們求援？還是到丹麥大使館去申報遺失護照？還是坐

在警察局裡乾等？

　　這時，他對自己說：「不行，這些事我一件也不能做。我要好好參觀華盛頓。說不定我以後沒有機會再來，但是現在仍有寶貴的一天待在這個城市裡。好在今天晚上還有機票到芝加哥去，一定有時間解決護照和錢的問題。我跟弄丟掉皮夾以前的我還是同一個人。那時我很快樂，現在也應該快樂呀！我不能白白浪費時間，現在正是應該享受的時候。」

　　於是他立刻動身，徒步參觀了白宮和國會山莊，並且參觀了幾座大博物館，還爬到華盛頓紀念館的頂端。對每個景點都仔細觀賞，他還買了花生和糖果，一點一點地吃以免挨餓。

　　到了晚上，華盛頓警方找到了他的皮夾和護照，並且送還給他。等他回到丹麥以後，這趟美國之旅最使他懷念的卻是華盛頓漫步的那一天 ── 「現在」就是最好的時候。

　　你一旦養成了「立即行動」的工作習慣，人生進取的精義你就大致上掌握了。

　　工作能力和工作態度決定了你的薪水和職位。擔任企業最重要職位的人往往是那些工作效率高且做的多，而且樂於做的人。溝向遠大前程的重要的一步在於你要下定決心以積極的心態做事。當然，剛開始時要堅持這種態度很不容易，但只要你堅持，最終它會成為你個人價值的一部分。

第二章　盪鞦韆 5 大原理

一個腳踏實地認真工作的人是不會拖延的，他們的生活就像騎自行車一樣，不是維持平衡向前就是翻倒在地。你應該經常訓練自己嚴格的時間意識，要求自己在規定的時間內完成工作。這有助於培養你在短期內做更多的事的能力。你如果要在短期內成功地做好某件事，請交給那些勤奮的人做吧！懶散的人只是精於偷工減料，他們中的多數人並不能正確估計自己的能力，他們不願面對挑戰，發掘潛能。

成功的要訣在於我們行動之前對自己的期望和定下的目標。你要明白，別人評估你的標準往往就是你衡量自己的標準。就像愛默生（Ralph Waldo Emerson）所說的：「向著星球長驅直進的人，反比踟躕在狹路上的人，更容易達到目的！」

因此，要獲取成功，就要腳踏實地、一點一滴地重複累積。開始的目標要切實可行，等真正達到之後，再向更高的目標邁進！

記住：立即行動是克服懶惰的最有效的方法！

■「突然」成功和「腳踏實地」不矛盾

把一張足夠大的紙摺疊 52 次，便可得到 2 倍於地球到太陽的距離。這種貌似「突然」的成功其實就是來自於那些前進量微小而又間斷的重複動作——腳踏實地去做事。它們之

間一點也不矛盾。

踏實做事，是老實做人在行為上的要求。在現實生活中，人們面對各式各樣的問題和矛盾，以什麼樣的態度和方式處理問題、解決矛盾，反映著一個人的追求，也決定著事物的不同結果。

踏實做事，就是要辦實事、求實效，腳踏實地，遠離浮躁，其目的是為了使主觀認知與客觀實際相符合，把事情辦實辦好。任何事物都有共自身的規律，只有按照事物的本來面目來理解事物，遵循事物的客觀規律來處理問題，才能達到預期目的，取得事半功倍的效果。

事實上，人們理解事物、化解矛盾、解決問題的過程就是堅持實事求是的過程。踏實不僅是一種嚴謹的態度，也是一種科學的方法。以這樣的態度和方法作保障，思想就可以找到現實的土壤，結出豐碩的果實；行為才能夠避免淺嘗輒止、忽冷忽熱，防止出現做而不深、做而不細、做而不實的問題。

下面的故事會給我們更多的啟示。

大約在 40 年前的日本，一個年輕人進入了日本一家資訊產品公司，在一個部門擔任職員。他兢兢業業工作，腳踏實地做事。在工作中他發現了公司管理上的一些弊端，便不斷地寫信給公司高層主管、提出問題。但他的信從沒有得到回

應，於是這個小職員還是持續認真工作，發現問題依然不斷
地給公司高層寫信並提出改進意見。一年、二年、三年……
他的信還是如石沉大海。這位小職員並沒有氣餒，他的信還
是照常發出。

10 年後的一天，他被帶到總經理的辦公室，公司指派他
擔任分廠經理，他工作表現非常出色。往後，這位職員又成
為這家大公司的總經理，而這家公司就是世界著名的日本佳
能公司。

該公司的總部設在日本，並在美洲、歐洲、亞洲以及日
本設立了 4 個區域性銷售總部。2001 年，全球財富前 500 營
業額名列 190 位。

那個日本年輕人的成功，是他不斷腳踏實地去做事的結
果。那麼，我們如何才能達到腳踏實地呢？

- ▼ **要有從底層做起的思想準備**：正像萬丈高樓大廈平地起
  一樣，要極有耐心地從砌每一塊磚、每一堵牆做起。一
  心想速成一個「建築師」是不現實的。只有在砌牆加瓦
  中才會學到真本領，才會增加生命的厚度。

- ▼ **要有安於工作的現實態度**：不企求「一步到位」，但求
  「步步到位」，對眼前的工作有一個正確的態度，並視
  之為理想職位的「階梯」。學會在簡單重複的工作中發

揮自己的作用，讓別人感受到自己是具有真才實學的。

▼ **隨時修正自己**：在工作中，即使碰到不順利也能用調節
術來重新獲得平衡。只有這樣，你的心態才會越來越平
穩，工作的熱忱會更加十足。

知道如何增加生命的厚度，決心獲得成功的人都知道，
進步是一點一滴不斷地努力得來的，就像「羅馬不是一天造
成的」一樣。所以說，每一個貌似「突然」的成功都是由一
系列的小成就累積而成的。

美國著名的作家兼戰地記者西華‧萊德（Silwa Ryder），
他曾在西元 1957 年 4 月的《讀者文摘》上撰文表示，他所
收到的最好的忠告是「繼續走完下一里路」，下面是其中的
幾段：

「在第二次世界大戰期間，我跟幾個人不得不從一架破
損的運輸機上跳傘逃生，結果迫降到緬甸、印度交界處的樹
林裡。如果要等救援隊前來援救，至少要好幾個星期，那時
再逃生可能就來不及了，只好自己設法逃生。我們唯一能做
的就是拖著沉重的步伐往印度走，全程長達 70 公里，必須在
8 月的酷熱和季風所帶來的暴雨的雙重侵襲下，翻山越嶺長
途跋涉。才走了一個小時，我的一隻長統靴的鞋釘刺到另一
隻腳上，傍晚時雙腳都起泡出血，範圍像硬幣那般大小。我

能一瘸一拐地走完 70 公里嗎？別人的情況也差不多，甚至更糟糕。他們能不能走呢？我們以為完蛋了，但是又不能不走，好在晚上找了個地方休息，我們別無選擇，只好硬著頭皮走下一里路……」

結果他走出來了，這段經歷對他的日後工作影響很大。他這樣寫道：

「……當我推掉原有工作，開始專心寫一本 15 萬字的書時，一直定不下心來寫作，差點放棄我一直引以為榮的教授尊嚴，也就是說幾乎不想做了。最後不得不記著只去想下一個段落怎麼寫，而非下一頁，當然更不是下一章了。整整六個月的時間，除了一段一段不停地寫以外，什麼事情都沒做，結果居然寫成了。」

「幾年以前，我接了固定每天寫一則廣播劇本的案子，到目前為止一共寫了 2,000 個。如果當時簽一張『寫作 2,000 個劇本』的合約，一定會被這個龐大的數目嚇倒，甚至把它推辭掉。好在只是寫一個劇本，接著又寫一個，就這樣日積月累真的寫出這麼多了。」

由此可見，「繼續走完下一里路」的原則不僅對西華・萊德很有用，對你也很有用。就像盪鞦韆那樣，每一次加力都會增加鞦韆的高度；同樣，對於我們的人生來說，每一次摺疊都會增加生命的厚度。

腳踏實地做事是實現任何目標唯一的聰明做法。

想要達成任何目標都必須一步一個腳印地做下去才行。對於那些初入社會的人來講，不管被指派的工作多麼不重要，都應該看成「使自己向前跨一步」的好機會。推銷員只有促成交易時，才有資格邁向更高的管理職位了。

在我們生活中，某些人看似「突然」成功，但是如果你仔細看看他們過去的奮鬥歷史，就知道他們的成功並不是偶然得來的，他們早就投入了無數的心血，打好了堅固的基礎。那些暴起暴落的人物，聲名來得快，去得也快，他們的成功往往只是曇花一現而已，他們並沒有深厚的根基與雄厚的實力。

任何人都無法一下子就達到目標，只能一步步走向成功。你生命的厚度只有靠一次次地去摺疊來增加。

■「登天」的路徑

一個人想要「一步登天」的想法固然可貴，但我們應該知道「萬丈高樓平地起」的道理。空中樓閣即便能建立起來，也經不起任何考驗，頃刻間就會土崩瓦解。

與其苦苦追求縹緲的空中樓閣，不如腳踏實地一步一步前行。唯有如此才是你最佳的「登天」路徑。

在你的人生旅途，每一次重複摺疊都會增高你生命的厚

度，關於財富的聚斂方法也具有同樣的道理。

　　任何能夠抓住機會的人，都是有所付出的人，越是巨大的成就，越需要像攀登階梯一樣，一步一步向前走，這樣的成功才是最有價值的成功，而這樣的機會，也是人生中最難掌握的機會。

　　一些人自小養成了輕視、忽略工作的習慣，對於工作，整日馬馬虎虎、抱著敷衍苟且的態度，因此終生碌碌無為。沒有一種認真對待工作、認真對待人生的態度，成功是不可能的。

　　在一家著名的廣告公司裡，每一間辦公室都有這樣一條格言：「在這裡，一切都追求完美。」追求完美，這句話真的讓人感觸頗多，它不就包括了認真、負責、努力等品格嗎？就像我們欣賞雅典奧運會上跑者的大步跨欄、泳將的跳水、籃球選手的大力灌籃，無一不是在追求完美。而他們帶給人們的就是近乎完美的享受；做到這一點，不是全憑藉著心中認真的追求嗎？

　　假使人們工作時，都能盡心盡力，力求完美，牢記「踏實」二字，這世界會進步多少！在個人世界中，我們認真一些，再認真一些，會完成多少成功的計畫！

不要在左顧右盼了，「登天」的路徑就在我們眼前，那就是要求我們認認真真、踏踏實實去做事。

■ 羅文的啟示：如何把鞦韆盪得更高

羅文中尉成功地把信送給了加西亞，他也成為了一個真正的英雄。那麼在現實生活中，我們又應該怎樣「把信送給加西亞」呢？

正如前文中所闡述的那樣，羅文所做的事情並不需要什麼大智慧，只是一環扣一環地重複前進，也就是說要有腳踏實地的工作態度。只有這樣，才能把我們的鞦韆盪得更高，只有這樣才能把我們的生命摺疊更高、更厚。

看一個人工作時的精神和態度可以看出他工作的好壞。如果一個人覺得做事受了束縛，工作勞碌辛苦，沒有趣味可言，這樣的人是決不會有偉大成就的。和他本人有密切關係的是工作的態度和本人的性情及做事才能。

如果一個人不重視自己的工作，而且做得極不踏實，那麼他決不會是尊敬自己的人。一個可以發揮內在特長的人，工作一定很好，而且不會認為他的工作辛苦、煩悶。

任何情形之下，最壞的事情莫過於厭惡自己的工作。

如果你被迫做一些乏味的工作，那麼你就該設法從乏味的工作中找樂趣。要懂得對工作應抱的態度：應該做又必須

做的事情總要從中找出樂趣來。無論做什麼工作，這種態度都能發揮很好的作用，如果一個人看不起自己的工作，他是不會成功的。

踏實、樂觀的精神和百摺不撓的熱情才是成功者的基石。

無論你做的是什麼樣的工作，你都應付之藝術家的精神，用十二分的熱忱。這樣你才能使工作成為樂趣，從卑微的境況中解脫出來，不會再有辛苦的感覺了，自然而然的，厭惡的感覺也會消失。

一個人工作時如果可以全身心的投入，充分發揮自己的特長，那麼什麼樣的工作也不會覺得辛苦。如果我們對待最平凡的工作也能投入充分的熱忱，那麼我們也將可以成為最優秀的工人；如果做著最高尚的工作，卻態度冷漠，那他最後也會成為平庸的工匠。所以說：「行行出狀元。」整個社會也沒有可以被輕視的工作。

一個人終身的職業，無論是什麼樣，都是他一手造成的。就像盪鞦韆一樣，如果他把每一次的動作都認真加力，那麼他的高度會不斷提升；反之，他的高度會下降。任何一次偷懶的行為，都會有損於他生命的厚度。

任何事業上的成功與失敗，都由他是否竭盡全力工作了而決定的。如果一個人可以用全力工作來免除辛勞，那麼達

到成功的原理他也就掌握了。假如處處主動、努力的對待工作，那麼他生命的厚度即便在最平庸的職業中也能增加。

一個人如果保持良好的心態，把生活藝術化，在工作上自然會感到興趣，也就會盡力工作了。這樣的志向每個人都應該有：做一件事，無論有什麼困難都應竭盡全力做到盡善盡美的地步。

要想做到盡善盡美，把我們的人生輥轤盪得更高，下面幾種方法對你是很管用的。

方法一：重視工作

重視工作是你提升自己高度的最可行的方法。無論你是什麼身分，是貴為高層官員，還是身為平民百姓，都要看重自己所從事的工作。否定自己的工作是一個巨大的錯誤。

亞里斯多德曾說過：「一個城市要想管理得好，就不該讓工匠成為自由人。那種人是不可能擁有美德的。他們天生就是奴隸。」

現代社會，很多人同樣認為他所從事的工作是卑賤而無足輕重的。他們置身其中，卻不能了解其相應的價值，僅僅是為了生計而工作。他們對工作敷衍了事，總是將心思放在怎樣才能脫離現有的工作上。這種不踏實對待工作的行為，最終只會降低他們原來的高度。

第二章 盪鞦韆 5 大原理

　　一個不重視自己工作的人，決不可能尊敬自己；一個不認真對待工作，視工作為低下、卑賤及粗劣代名詞的人，他的工作肯定做不好。在他的職場生涯中，決不會有真正的成功。其結果就會像下面故事中的人物一樣。

　　利川是一家汽車修理廠的維修工人，從進廠的第一天起，他就開始喋喋不休地抱怨，諸如「修理的工作時在太髒了，看看我身上弄得整個都是」，或是「真累呀！我真是太討厭這份工作了」……每天，利川都是在抱怨和不滿的情緒中度過。他認為自己在受煎熬，在像奴隸一樣賣苦力。因此，利川每時每刻都窺視著師傅的眼神與行動，有空隙他就偷懶，隨便應付手中的工作。

　　轉眼幾年過去了，當時與利川同時進廠的三名員工，各自憑藉精湛的手藝，或另謀高就，或在職進修，只剩利川，仍舊在抱怨中擔任維修工人。

　　所以，你千萬不要輕視自己的工作，把自己的工作僅僅視為衣食住行的供給者，視為不能避免的勞碌，這只會讓人對你產生厭惡。

　　每個人都要清楚，一切誠實合作的工作都值得我們尊重。任何人都不能貶低你的價值，問題在於你應該正確對待自己的工作。一心只想著高薪，卻又不想承擔責任的人，不管是對主管還是對自己，都沒有多大價值。我們應該明白：

真正的尺度應該是有用的東西。我們完全有能力透過個人的努力在工作中找尋到自己的價值。

　　工作沒有貴賤，但態度卻有高下。每個人從事的工作都是他的人生態度的側面反映。因此，在某種程度上，要了解一個人，只要了解他的工作態度就可以。態度決定一切。

　　一個善於欣賞自己的人決不會輕視自己的工作，更不會將它看成低賤的事情。那些工作做不好、對工作感到艱苦煩悶的人，很大程度上就是緣於看不起自己的工作。他們往往視工作為衣食住行的供給者，認為是生活的代價，是無可奈何的勞碌之舉，而不是把它看作增加自身生命厚度的手段。

　　被動適應生活的人往往輕視自己的工作，他們不願透過自己的努力來改善生存環境。在他們看來，上班族是體面的，他們厭惡勞力工作，總是想著要活得輕鬆些，要有個好職位，要有自由的工作時間。他們總是眼高手低，固執地以為自己在某方面有優勢，前途遠大。但事實恰恰相反。

　　生活中的偷懶者往往輕視自己的工作，他們對待稍稍有一點困難的工作往往會找出種種藉口，時間一久就輕視自己的工作。

　　有時，我們的生命達不到一定的厚度往往源於我們的懶散。有的年輕人積極主動，充分發揮自己的天賦以創造未來，為社會做出了巨大的貢獻；另外有些年輕人卻毫無生活

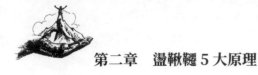

目標，工作起來縮手縮腳，浪費青春，虛度年華，因此常常與成功失之交臂。

要提高我們人生鞦韆的高度是需要我們看清目標、一次次去加力的，任何一次偷懶只會降低我們的高度。

方法二：做好每件事

我們要認真去做好每一件事，這是使鞦韆盪向更高的另一個重要方法。

著名畫家莫內（Claude Monet）有一幅名畫：畫的是女修道院廚房裡的狀況。在畫面上，正在工作的是天使，而不是普通人。他們中有的在燒水，有的在提水，有的正準備拿盤子——天使們全神貫注去做的不過是日常生活中最平凡的事。

要知道，我們工作的心境決定了工作是否單調，行為本身是不能說明性質的。

目標貫穿於你的一生，你的工作態度將你的周邊的人區分開。日常生活中點點滴滴，或者使你的思考更開闊，或者更狹窄，或者更高尚，或者更卑俗，全因你的態度而定。態度本身決定了你生命的厚度。

麥克·克蘭頓（Mike McClendon）生長在不健全的家庭裡，父親是猶太人（十分排斥天主教徒），而母親卻偏偏是

個天主教徒（卻又十分排斥猶太人）。因此，在這樣矛盾衝突的家庭裡，他從小做事就非常缺乏信心。

在他就讀高中一年級的某天，體育老師帶全班同學到操場去學習擲標槍，而這次的經驗就此改變了他往後的人生。在此之前，不管他做什麼事都是畏畏縮縮的，對自己一點信心都沒有，但那天奇蹟出現了，他奮力一擲，只見標槍越過了其他同學的紀錄，多出了將近有 10 公尺。就在那一刻，麥克的心態發生了決定性的改變。

在高三時參加的一次比賽中，他擲出了全美中學生最好的標槍記錄，因而也讓他贏得了南加大的體育獎學金。

後來，他因鍛鍊過度而嚴重受傷，經檢查證實必須永久退出田徑場，這使他因此失去了體育獎學金。為了生計，他不得不到一家工廠去擔任卸貨工人，他的夢想似乎就此破滅，永遠無法成為一位國際矚目的田徑明星。

但是幸運之神卻不期而至，有一天他被好萊塢的星探發現，問他是否願意在即將拍攝的一部電影 ──《鴻運當頭》中擔任配角。這部影片是美國電影史上所拍第一部彩色西部片，麥克應允加入演出後從此就沒有回頭，先是當演員，然後做導演，最後成為製片，他的人生事業就此一路展開。

一個美夢的破滅往往是另一個未來的開始。麥克原先有在田徑場上發展的目標，這個目標引導著他鍛鍊強健的體

格，後來的打擊又磨練了他的性格，不料這兩種訓練卻成了他另外一個事業所需的特長，使他有了更耀眼的人生。

　　你是一名運動員嗎？是否在運動中找到了熱情？是一名演員嗎？在辛勤的演出之餘，你是否意識到了自己的進步？是校園裡的老師嗎？是否厭倦了按部就班的教學生活？然而，或許看到你的學生之後，你就有耐心了，一切煩惱都飛到九霄雲外。你要知道，任何事情對自己的一生都有著深刻的意義。就像麥克·克蘭頓那樣，做每件事都去認真對待，做每件事都全力以赴，這樣提高我們人生鞦韆的高度會成為一種可能。

　　以他人的眼光看待自己的工作，或者只用平常的標準衡量，也許工作就乏味單調，沒有多少吸引力。打個比方，如果從外面觀察一座大樓的外表，窗戶上布滿灰塵，灰暗無光，給人以破敗單調的感覺。然而，如果跨過門檻，走到裡面，我們立刻就可以看到絢麗的光彩、明晰的線條。穿過窗戶的陽光在裡面跳躍，展現出一幅亮麗的畫卷。

　　由此可見，事物的真正本質只有從內部才能觀察到。很多工作的意義只有深入其中才能了解到。無論如何，我們都要在工作的基礎上理解工作，把它視為增加生命厚度的權利——惟有如此，我們才能獲取獨立的個性。

　　我們要認真做好每一件事，不要輕視它。即使是最普通

的事，也要盡心盡力去完成。積小成大，對大事的成功掌握來源於小事的順利完成。腳踏實地努力，也就不會隨便跌落。這就是在工作中獲取力量的祕訣。

任何一次偉大成功大多來自於我們前進途中微小而不間斷的「腳踏實地」。

方法三：以工作為樂趣

世界上有許多單調乏味的工作，但你應主動使它充滿樂趣。如果我們要在工作中獲得良好的效果，就應該以這樣的態度投入到工作中去。

在工作中，我們可以得到經驗、知識和信心。工作越熱情，決心越大，工作效率就肯定越高。以這樣的熱情對待工作，工作起來我們就會樂在其中，也就會有很多人請去做你樂意做的事。工作的目的是使自己更快樂！每天的八小時工作就如同在快樂地遊戲，這是多麼令人興奮的啊！這時你還會去偷懶嗎？

因此，如果你在工作中如願以償地得到了樂趣，就不要輕易變動。但如果覺得工作壓力日益增大，情緒日益緊張，在工作中體會不到樂趣，沒有成就感，這就有些不對勁了。這就需要我們從心理上調節自己，否則，只會給我們的心理造成壓力。

如果工作時能精益求精，滿懷熱忱，那麼，無論做什麼，我們都不會去因辛苦而去偷懶。以最熱忱的態度去做最平凡的工作，你可以成為最出色的藝術家；以最冷漠的態度去做最平凡的工作，你不可能成為一名藝術家。

成功者的祕訣在於真誠、樂觀和執著，而不是對工作的厭棄與冷漠。不管工作如何卑微，我們都應該付之以藝術家的熱忱。如此，你才能擺脫卑俗的境地，你的人生鞦韆才會盪得很高。

「如果你對於自己的處境都無法感到高興的話，那麼可以肯定，就算換個處境你也照樣不會快樂。」換句話說，如果你現在對於自己所擁有的事物、自己所從事的工作，或是自己的定位都無法感到高興的話，那麼就算獲得你以為自己想要的事物，你還是一樣不快樂。享受生命的每一分每一秒，並且傾注全力活出生命的色彩，在你這麼做的時候，快樂也會隨之而來。

某些體驗、工作、任務或是人物縱然能夠讓我們更容易獲得快樂，但是如果你非要選擇悶悶不樂的話，這些元素也沒有讓你快樂起來的力量。對於自己所處的環境，你可以選擇要抱持著愉快的心態，還是要終日悶悶不樂。既然如此，何不乾脆全心去擁抱快樂呢？

如果你能積極地熱愛自己的工作，將個人愛好和工作有

機結合，這樣，你的工作就不會是單調乏味。愛好將使你充滿活力，讓你的人生鞦韆高得更高。一個能夠自我實現的人應該把興趣與職業有效融合，做在其中，樂在其中。

人生最有價值的事莫過於工作，成功者都能在工作中找到樂趣，並能把這種東西傳給別人，與別人共同分享。

■ 每次摺疊都須努力

摺紙，看似簡單，其實每一次摺疊都需要我們努力去做。如果你只摺疊了 50 次，就放棄了最後的摺疊，你所要達到的效果是遠遠不夠的。

盪鞦韆也是一樣，在你達到一定的高度後，你要放棄加力，那麼它會很快就降低到起點。

任何一次看似成功的可能和成功本身是不一樣的。

在我們周圍，有許多看起來似乎要成功的人到最後並沒有成為真正的英雄，原因何在？

因為他們不想付出相應的代價。他們企盼輝煌，但卻不想攀越艱難的梯級；他們希望成功，卻不願意認真去摺疊自己的生命；他們渴望事事順風，卻不想遇到阻礙。懶惰者會說：「為什麼我不能達到生命的高度？」而勤奮者則會非常自信地說：「只要多摺疊一次，我一定會達到生命的高度。」

在古羅馬人的心目中有兩座聖殿，就是美德和榮譽。他

們認為，只有經由美德才能贏得榮譽，通向榮譽聖殿的必由之路是勤奮。

人的品行是長久經歷的結果。多次重複的舉動會讓你總是下意識地做相同的事，這樣就形成了人的品行。由於思考的慣性和個人的經歷，一個人在一生中會有不同的努力和選擇，由此而決定他的品行。

有個這樣一個的失業者，秉性忠厚，渴求工作，但不斷地嘗試的結果依舊是失敗。為什麼？不是說善有善報嗎？透過觀察，我們可以發現，他是做過很多事，但總是嫌負擔太重。他渴望的是安逸的生活，以無所事事為樂趣。這就是他為什麼總是失敗的原因。

可見，安逸使人墮落，無聊令人退化，只有勤奮才會給人帶來幸福和歡樂。在意識到了這一點後，那個人力戒惡習，此後境遇逐步得到改善。

很多出身窮苦的人透過個人的不懈努力，最終也做出了偉大的事業。富爾頓、法拉第、還有貝爾，都是這方面的代表。在古今中外歷史上，有許多人在確定了偉大的人生目標之後，百折不撓，歷盡各種困難都不放棄，最終獲得了成功。他們每一次都認真地摺疊自己的生命，一次不能達到生命的高度，就再摺疊一次，直到成功為止。

失敗者總是說：「我沒有獲得合適的機會！」他們總是歸

罪於別人不重視他。意志堅強的人不會這樣說，他們相信，只有自己才能拯救自己，機會源於腳踏實地地去做事。

亞歷山大之所以能成為偉大的帝王，就在於他善於不斷地創造機會。在一次戰爭勝利後，有人詢問亞歷山大，什麼時候再進攻另一座城市，要不要等待下一次機會。想不到這竟引起亞歷山大的大怒：「等待？機會是等出來的嗎？它要靠我們自己去創造！」

坐等機遇的垂青是極其危險的。一切努力和熱望都會因等待而灰飛煙滅，最後機會還是不會降臨。

你要記住，只有依靠自己的創造才能掌握良好的機會。任何一次偷懶的行為都會讓你喪失一次絕好的機會。

■ 走出拖延的困境

「拖」是人的通病，也是大病，因為它不但拖掉了自己的機會，也拖掉別人的機會。

不要把拖延看成是一種無所謂的耽擱，有時候一個企業家會因為沒能及時做出關鍵性的決定，錯過了最佳時機而慘遭失敗；一個病人延誤了看病的時間，會給生命帶來無法挽回的損失。拖拖拉拉這個壞習慣看似無礙大局，實則是個能使你的生命厚度降低、破壞你的幸福、甚至奪去你的生命的惡棍。

第二章　盪鞦韆 5 大原理

在美國，每年不知有多少高中生，不眠不休地寫研究論文，參加再生元科學獎（Regeneron Science Talent Search）的評選。原因是再生元科學獎不但代表很高的榮譽，頒發巨額的獎金，而且得獎證書有個妙用 —— 可以當作申請著名大學的敲門磚。

參加比賽的學生當中，最突出的要算是來自紐約市的了。據統計，從西元 1942 年創辦再生元科學獎到現在，紐約市的學生囊括了四分之一的大獎。

更令人驚訝的是這四分之一中，又以史岱文森高中（Stuyvesant High School）的學生占多數，幾乎每年都有學生擠進決賽。

但是，西元 1989 年 12 月 18 日，史岱文森高中傳出一片哭聲，許多學生哭喪著臉說：「我們的眼淚、血汗全白費了。」他們哭，不是因為比賽敗北，而是由於他們的研究成果，根本沒能進入再生元科學獎的大門。

12 月 14 日，160 份報告，由史岱文森分成兩箱寄出，其中一箱在再生元科學獎截止的 15 日及時寄到，另一箱裡的90 份，卻拖到 18 日才寄達。「我們有收據為證，14 日寄的『隔日快遞』。」史岱文森的老師解釋。

「我們寫得明明白白，我們必須在 15 日收到。」再生元科學獎的主辦人卻說：「我們不管你什麼時候寄出，只在乎是

否準時收到。」

　　有人批評，認為再生元科學獎應該有點人情、有點彈性，不要讓孩子的心血白費。但是，比賽就是像人生的戰場，它比實力，也比速度。速度何嘗不算是一種實力。你沒別人快，你比別人拖，就顯示你比別人差，差的人輸，這是天經地義的事情，而且未嘗不是好事。如果那些輸的學生，能記取教訓，再也不拖，那麼他們在這次比賽學到的，應比失去的更值得。

　　由此可見，做事拖沓，說小了，是個工作習慣的問題，初看似乎也沒有多大的影響。不過，習慣成自然，什麼事情都拖延，小事變大事，小問題成大問題，那麼你的人生高度達不到預定目標的。

　　另外，拖延還反映了一個人的素養和能力所存在的問題。有時候，拖延是怯懦的表現，比如迴避那些困擾自己、使自己不愉快的工作；有時候，它是缺乏決斷能力的表現，比如一個企業主管臨事猶豫不決。顯然，這樣的拖延，後果是相當嚴重的，甚至是毀滅性的。

　　因此，要想把自己的生命摺疊得更厚，我們必須走出拖延的困境。這裡有幾條對策，可以幫助我們在思想上、行動上免遭拖延的影響。

▼ **痛下決心，逐一擊破**：下定了解決拖延問題的決心是解決問題的一個方面，另一個方面是行動。由於習慣的頑固性，它通常不可能一下子就戒除，必須有步驟地各個擊破。比如，我們可以劃分生活、工作、學習等方面的拖延，先從小的、易做的做起，解放一次，鞏固成果，進而逐步摺疊，直至達到預定高度。

▼ **分清輕重緩急，安排先後順序**：雜亂無章和拖延總是連在一起的。如果一個人的桌面上攤著一堆待處理的公務，那麼單單是決定從何下手就要頗費一番功夫；一個家庭主婦面對十多樣積留的家事，往往會感到無精打采，很可能洩氣認輸，寧肯去看電視連續劇，而一件事也不去做。然而，沒有哪兩項任務或哪兩件事情會是同等重要的。人們在很疲憊的時候，總是隨意挑一件事做，或者做些次要的事情，而常常忽略了那些重要的事項。因此，要克服拖延的習慣，就要學會分清事情的輕重緩急，安排事情的先後次序，然後在一段時間裡集中解決一個問題。

▼ **為自己規定一個時限**：日本的推銷大王原一平曾說：「自己訂立的推銷目標要公之於眾，由此接受別人的監督，把壓力化作動力。」改變拖延的習慣也應如此，即

不是在心裡暗暗地規定一個期限，這樣是很容易被忽視的，而是要讓其他人都知道你的期限，並且期望你能如期完成。這是因為，公開的拖延往往要比私下裡拖延難堪得多。

▼ **不要避重就輕**：避重就輕也許是符合人的天性的，但是到頭來只會導致問題日積月累，難上加難。正確的做法，應該是迎難而上，首先解決重要的、棘手的問題。這樣做，一是解決了重要問題，那些未及解決的次要問題也許不會產生太大的影響；二是棘手的問題解決了，會增加信心，其他的問題往往會勢如破竹、迎刃而解。

▼ **不要把追求完美當作裹足不前的藉口**：有些人對採取行動望而卻步，是因為害怕自己做得不夠完美。因此，追求完美也正是許多人拖延的原因之一。其實，世界上十全十美的事情幾乎是不存在的，因而可以不太介意一些小瑕疵，而且事情可以在執行的過程中逐步完善，也無須苛求一蹴而就。這樣看來，十全十美的追求就絕不該成為裹足不前的藉口了。

真正快樂的人是那些掙脫了拖延的枷鎖，在完成手頭的工作中感到滿足的人。他們是充滿渴望、熱情和創造性的人。我們都可以成為這樣的人。

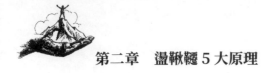

■「踏實」需要有韌性

想讓鞦韆每一次都能達到一個高度，需要我們有堅強的意志力。這種意志力的塑造需要我們腳踏實地，一絲不拘地重複做事。而踏實做事需要的是有韌性和不失目標，時刻前進。

俗話說：「行百里者半九十。」這是說，成功需要堅持不懈、堅忍不拔，否則就會半途而廢。許多人正是因為沒有堅持到最後一次摺疊，在離目標半步之遙時停住了腳步，與成功擦肩而過；而所謂成功者，不過是那些堅持到最後一次摺疊、邁出了最後一步的人。

從古今中外許多科學家身上可以發現，他們的成功雖然各有不同，但在善於運用堅忍不拔的意志這一點上卻是相同的。一個人如果下定決心做成某件事，那麼，他就會憑藉堅忍不拔的意志，跨越前進道路上的重重障礙，成功也就有了切實可靠的保證。

諾貝爾化學獎得主桃樂絲·霍奇金（Dorothy Hodgkin）從小就是一個意志堅定的人。她的父親是考古學家，母親有很深的植物學知識，因此，幼年的霍奇金對礦物和植物有著濃厚興趣。她在家中的頂樓搭建了一間實驗室，模仿大人做實驗。那時，X 射線晶體學的開山鼻祖威廉·亨利·布拉格

（William Henry Bragg）曾經寫了一本針對兒童的科學讀物。就是在這本書的引導下，霍奇金知道了人類可以利用 X 射線看到原子和分子。

在劍橋大學工作期間，她又繼續向胃蛋白酶和胰島素的 X 射線繞射挑戰。她在自己從小就崇拜的威廉·亨利·布拉格的指導下，後來成為用 X 射線晶體學解析生物化學結構的第一人。

鎖定目標的霍奇金決定，對世界上剛剛提到出來的生理活性物質如固醇類物質、青黴素、維生素 B12 等，逐個用 X 射線解析法測定其空間結構。她獲得了成功。西元 1964 年，她因這些成績被授予諾貝爾化學獎。

她為什麼能測定出生理活性物質的空間結構並且獲諾貝爾獎呢？

她的確應該感激幼年時讀到的科學讀物，這些讀物使她幾乎沒有猶豫就走上了研究 X 射線繞射的道路，使諾貝爾獎級的課題直接向著自己飛來。

另外，堅持不懈地沿一條路走下去，這也是接近諾貝爾獎的方法之一。獲獎後，她得到了不授課、不做指導老師、專責從事研究的教授地位。這樣，她避免了在教學事務上消耗時間，一心一意地鑽研胰島素的 X 射線繞射。西元 1969年，她終於闡明了胰島素的三維結構。

一般人經過短暫的努力之後會感到神疲體倦，然後就想半途而廢。其實，人的巨大精力絕不僅止於此，只要多摺疊一次，就可以獲取更高的目標。就像盪鞦韆一樣，只要我們用力推下去，便會產生巨大的衝力。人也是一樣，只要我們多督促自己一些，多堅持一段時間，便會發現自己潛藏著無限的精力。一旦我們堅持定會得到驚人的效果。

　　推動自己的真正祕訣，是必須全身心地投入。實際上，我們在工作中很少將所有的心力發揮出來，特別是所有的精神潛力。同時我們也必須承認，我們很少全力以赴地去做某一種事情，通常只有在不去做不行的時候才被迫如此。如果試著用全部心力去應付困難，我們會對自身潛在的力量感到驚訝。

　　堅忍不拔意味著不論遇到什麼情況，都要一直堅持下去，直到問題解決、任務完成為止。對於堅忍不拔者來說，沒有走不完的路，沒有攀不過的高峰，沒有克服不了的困難，沒有達不到的高度。只要我們全心全意地盪好自己人生的鞦韆，心中的目標一定會實現。

　　有了堅忍不拔的意志就等於成功了一半。事實上，在大人物與小人物之間、弱者與強者之間，最大的差別就在於意志的力量。在生活中，獎章總是頒發給那些能堅持到達終點的人的，成功絕不會偏愛弱者。

堅忍不拔的人不僅有著堅強的意志，還有著堅定的信念，正是信念與毅力造就了他的堅忍不拔、一往無前，不達目的誓不甘休。

一個人在做事時能否不達目的不甘休，這是測驗一個人品格的一種標準，堅忍不拔是最難能可貴的一種德性。許多人都樂於跟隨大眾向前，在情形順利時也肯努力奮鬥，這並不難做到；但是在大眾都選擇退出、向後掉轉，而剩下他自己孤軍奮戰時，要是仍然能夠堅持著不放手，這就更難能可貴了。這是需要恆心，需要意志。

鞦韆的高度每次提升也許會很低，但是只要我們時刻堅持，一次也不偷懶，那麼，我們最終一定會在這看似簡單的重複中塑造一個成功的高度。

原理 2

鞦韆後一次所達到的高度與前一次是分不開的，環環相扣的「踏實」可以達到分散幾次望塵莫及的效果。

在過去，踏實做事給人不夠精明的形象，事實上這只是人們對踏實的表面了解，而真正的「踏實」並不是放棄靈活思考的權利，反之，「踏實」能夠提升思考的格局。

也許有人會問，做這些瑣碎的事情也會創造出成功嗎？

那麼我們來聽聽身邊的故事吧！

張丹在一家外商公司從事英文翻譯工作，雖然一直不受重用，但是她仍細心做好自己的工作。她的主管是外國人。有一次主管從加拿大回來，因為是夏天，他渾身都是汗，張丹馬上倒了一杯冰水給他，這在張丹看來是理所當然的，可是主管卻似乎受寵若驚，連聲說了三四次「Thank you」。從此，主管對她的印象有了明顯改變。

張丹的做法值得我們借鑑，給主管留下一個好印象，往往就在端茶倒水這類的細節中。在公司裡，你還要注意以下幾種細節：

▼ **從整理辦公桌開始**：辦公桌實際上就是一面工作的鏡子，透過它可以判斷出一個人的工作態度和能力。因此你要注意整理，以便給人留下一個好印象，同時也方便了自己。你要保持辦公桌乾淨，那可以給人良好的感覺。在上面可以擺一些必要的常用檔和備用物品等，並且要分類放置，使之有條理。千萬不要把什麼物品都往辦公桌上放，那會讓人感到混亂。

▼ **不要把請假看成一件小事**：不要隨便找個藉口就去找主管請假，比如身體不好，家裡有事，孩子生病……這樣時間久了會讓主管無法接受。你可以換個角度思考，假

如你是主管，你希望你的員工常請假嗎？如果不希望，請勿不把請假當一回事，非到迫不得已，不要請假。

▼ **辦公室裡不要做私事、閒聊**：工作時間內，公司的一切人力、物力資源，僅屬於公司所有，只有公事方可使用，任何私事都不要在上班時間做，更不能私自使用公司的公物。利用上班時間處理個人私事或閒聊，是應堅決杜絕的。

▼ **適時關閉你的電腦**：不要讓電腦在上班時間一直開著，因為你一般的時候都沒有這麼多工作能填滿上班時間。做完當天的工作，為明天的工作找好資料後就要關閉電腦，控制自己上網、玩遊戲的欲望。閒暇時間，你可以買幾本專業書籍來充電，不能顯得無所事事、浪費時間。

▼ **下班後不要立即回去**：下班後你要靜下心來，將一天的工作簡單做個總結整理，制定第二天的工作計畫，並準備好相關的工作資料。離開辦公室時，別忘了關燈、關窗，檢查一下有無遺漏的東西再離開。

這些細節是你在公司裡的必修課。如果你面對一些瑣碎的細節工作，你是不是得過且過呢？讓我們來看一卜美國標準石油公司阿基勃特的故事。

第二章　盪鞦韆5大原理

美國標準石油公司曾經有一位員工叫阿基勃特。他總是在自己簽名的下方，寫上「每桶4美元的標準石油」字樣，在書信及收據上也不例外，簽了名，就一定寫上那幾個字。他因此被同事叫做「每桶4美元」，而他的真名反而沒有人叫了。

公司董事長洛克斐勒（John D. Rockefeller）知道這件事後說：「竟有這樣的員工如此努力宣揚公司的聲譽，我要見見他。」於是邀請阿基勃特共進晚餐。後來，洛克斐勒卸任，阿基勃特成為第二任董事長。

在簽名的時候署上「每桶4美元的標準石油」，這算不算小事？嚴格說來，這件小事不屬於阿基勃特的工作範圍之內。但阿基勃特做了，並堅持把這件小事做到了極致。那些嘲笑他的人中，肯定有不少人才華、能力在他之上，可是最後，只有他成為董事長。

事實上，處理和分析日常小事體現了一個人的能動力。也就是說，在摺紙、盪鞦韆這樣簡單的動作中，要自主地發揮本身具有的內涵。你要能夠在很凌亂的事情中保持冷靜的分析、思考，這樣你才會把自己所做的昇華為成功。否則，就算你再踏實，日復一日只是單純的重複罷了。

記住：不要小看摺紙的藝術。每一次的摺疊，本身的厚度不僅僅是增加兩倍那麼簡單，它給你帶來的成就是驚人的。

■ 51 － 1 和 51 ＋ 1

51 － 1 和 51 ＋ 1，在本文中它們並不是簡單的數學題。也許有人認為這是在故弄玄虛，但是它們的結果在本文中的確是相差甚遠。

在摺紙中，摺疊 51 次的厚度是地球到太陽的距離，但如果我們少摺疊一次，它的距離只達到這個厚度的一半。如果我們在摺疊 51 次的基礎上，再多摺一次，它的厚度是原來的 1 倍。

正如前文中我們提到的荷葉生長過程一樣，荷葉生長到第 28 天，我們看到的只是一小部分而已，而到了第 29 天時，它就長滿了荷塘的一半，到了第 30 天，它已長滿了整個河塘。

多摺一次和少摺一次，它們之間的厚度有著天壤之別，這就是 51 － 1 和 51 ＋ 1 在本質上的差別。

在我們追求成功的道路上，也許我們距離成功只有一步之遙，可是我們卻實在是無法忍受這種既來之的痛苦，我們放棄了。就這樣，我們因為沒有達到環環相扣的效果，最後，我們跌入了人生的低谷。

美國著名歌星強尼‧凱許（Johnny Cash）的成長經歷或許會帶給我們更好的啟示。

第二章　邁向成功 5 大原理

　　青少年時期，凱許很喜歡唱歌，於是他開始自學彈吉他，並練習唱歌，他甚至自己創作了一些歌曲。

　　為了實現當一名歌手的夙願，他開始努力工作，但並未馬上成功。他不得不靠挨家挨戶推銷各種生活用品維持生計，不過他還是堅持練唱。最後，他錄製的一張唱片奠定了他音樂工作的基礎。他吸引了數萬名的歌迷，金錢、榮譽、在全國電視螢幕上露面等。所有這一切都屬於他了。他對自己堅信不疑，並獲得了事業上的成功。

　　但是，正在凱許享受成功的幸福與喜悅之時，命運之神再次陷他於困境之中，由於頻繁的演出日程，使他的身體被拖垮了，為了有精力應付更多的演出，他不得不服用大量的「安非他命」，這使他染上了吸食毒品的惡習……

　　從監獄裡走出來的時候，他下定決心要戒毒，使自己從困境中站起來，並深信自己能再次成功。他回到納什維利，找到他的私人醫生，醫生告訴他：「戒毒癮比找上帝還難。」凱許並沒有被醫生的話所嚇倒，他知道「上帝」就在他心中，他決心「找到上帝」，儘管這在別人看來幾乎不可能。

　　經過半年的堅持，他又恢復原來的樣子，他要去實現自己的計畫。不久，他重返舞臺，再次引吭高歌。他不停息地努力，終於又一次成為超級歌星。

　　凱許的堅持使他再一次獲得了成功。可是，我們呢？有

太多的時候，有太多的人就失敗在最後的關頭，就因為差一次的摺疊，卻無法達到成功的頂點。

　　成功的法則其實很簡單，這個法則叫執著，就是堅持再堅持，當你感到已經毫無希望的時候，如果鼓起最後的氣力再堅持一下，成功也許就會露出難得一見的笑臉來。

　　可惜的是，大部分人不信奉這個原則。他們把眼光放在如何投機取巧，如何一勞永逸上；他們瞧不起那些腳踏實地，執著堅韌的人，認為這些人太傻了，不懂變通和技巧。他們忘記了一點：成功之所以如此難以接近，就是因為它不喜歡與那些半途而廢、沒有恆心的人為伍。

　　也許你正在找人生的第八份工作，也許你考研究所又一次失敗，甚至是你的第 N 個女友也將離你而去，這些固然令你痛苦，但你千萬不能因此灰心喪氣。失去機會你可以去爭取，失去了希望就只能接受命運的安排了。成功帶給人的滿足和愉悅正是因為它不知躲在哪裡，你要不斷地努力尋找；當別人放棄了希望時，你應該再堅持摺疊一下。51 － 1 和 51 ＋ 1，它們之間就是一個加 1 和減 1 的過程，其結果卻有大大的不同。

　　成功並沒有什麼新的祕訣，成功的過程、道理以及原則從古至今都沒有什麼變化，我們要強調的重點是：要想怎麼收穫，就要怎麼耕耘。如果沒有投入和犧牲，怎麼可能獲得

成功的喜悅；希望一覺醒來成功就降臨在自己頭上的人才是真的應該清醒了。

美國一位著名作家這樣說：「我不能光是坐著等待成功來臨 —— 因為即使沒有成功相伴，我還是積極努力地向前邁進。」

你從 51 － 1 和 51 ＋ 1 中體會到了什麼？是多摺一次，還是少摺一次？是在成功的門口徘徊，還是勇敢地去敲開成功的大門？既然你已經摺疊到了 51 次，那為什麼不再堅持一下呢？

■ 一張紙的厚度

一張紙的厚度有多少？用一個普通的刻度尺是量不出來；但是 10 張、20 張紙的厚度卻完全可以用刻度尺量出來。一張紙的厚度相對於地球到太陽間的距離來說，完全可以忽略不計了。

就是一張薄薄的紙（當然是足夠大的）摺疊 52 次之後，卻可以達到地球和太陽間距離的 2 倍。我們可以把一張薄紙當作生活中的一件小事，完全可以透過不斷的重複摺疊來造就貌似「突然」的成功。

可見，摺紙和盪鞦韆看似簡單的重複動作，透過一定量的累積卻能達到巨大的成功。要知道，每次成功都和前一次

累積是分不開的，一環扣一環地前進，一定有達到成功的可能。

俗話說，勿因事小而不為。眼前的小事或許正是將來大成績的幼苗和基石。大的成功都是小的成功累積的結果。

如果你好高騖遠，一步登天，那就在人生道路上犯了一個大錯誤。你以為可以不經過前一次的摺疊，而達到後一次的高度，不從卑俗而直達高雅，捨棄微小而直達遠大。你心性高傲、目標長遠固然很好，但目標就像靶子，必須在你的有效射程之內才有意義；如果目標太偏離實際，反而無益於你的進步。同時，有了目標，還要為目標付出努力，如果你只空懷大志，而不願為理想的實現付出辛勤工作，那麼你永遠也摸不到心中的太陽。

讓我們看看雕塑家安格魯是怎樣使自己的作品達到完美的吧！

有一天，雕塑家安格魯在他的工作室中向一位參觀者解釋，為什麼自這位參觀者上次參觀以來他一直忙於同一個雕塑的創作。他說：「我在這些地方不斷地潤色，使那裡變得更加光彩些，使面部表情更柔和了些，使那塊肌肉更顯得強健有力；然後，使嘴唇更富有表情，使全身更顯得有力度。」

那位參觀者聽了不禁說道：「但這些都是些瑣碎之處，不大引人注目啊！」

第二章 盪鞦韆 5 大原理

雕塑家回答道:「情形也許如此,但你要知道,正是這些細微之處使整個作品趨於完美,而讓一件作品完美的細微之處卻不是件小事情啊!」

可見,一個成就非凡的大家總是於細微之處用心、於細微之處著力,這樣日積月累,才能漸入佳境,出神入化。

應關注未做完的小事,如任其累積,它們會像債務一樣令人焦慮不安。應該先做小事,而不是先做大事,就好像應該先償還小額債務,再償還巨額債務,或者應該先考慮仁慈再考慮真理一樣。一旦我們不停地關注那些能夠完成的小事,不久就會驚異地發現,無法完成的事情實在是微乎其微的。

在生活中,有些人不關心小事是因為他們好高騖遠,他們做事從不願腳踏實地。他們認為摺紙、盪鞦韆這樣簡單的動作不會有什麼大成功。他們具體表現為:

▼ **不切實際,既脫離現實,又脫離自身**:他們以為周圍的一切都與他為難,或者不屑周圍的一切,終日牢騷滿腹,認為這也不合理,那也有失公允。不能正視自身,沒有自知之明,是好高騖遠者的突出特徵,這是十分不現實的。

脫離了現實便只能生活在虛幻之中,脫離了自身便只能見到一個無限誇大的變形金剛。沒有堅實的基礎,只有空

中樓閣、海市蜃樓；沒有確實可行的方案和對策，只有空洞的胡思亂想，這是形成好高騖遠者人生悲劇的前奏。

▼ **懼怕困難，情緒懶散，好逸惡勞，貪圖享受**：他們打從心裡瞧不起那些吃苦耐勞者，認為那是愚蠢的；也打從心裡瞧不起每天圍繞在身邊的那些小事，不屑做它，這是形成好高騖遠者人生悲劇的根本原因。

想要把一張紙摺疊足夠的厚度，偷懶是不可能達到的。

▼ **在人際關係中也是極不受歡迎的**：對地位比他高的人，或者巴結奉承、奴顏婢膝；或者不屑交往，認為他們也沒有什麼了不起。而對地位比他低的人，則一律鄙視瞧不起。結果，地位比他高的人瞧不起他；地位比他低的人也同樣瞧不起他，成為兩頭受鄙視、被拋棄的人，結果當然是悲慘的。小事瞧不來不願做，而大事本想做卻做不來，或者輪不到他做，終於一事無成。眼看著別人碩果累累，他空有抱怨，一無所成。

天下難事，必作於易；天下大事，必作於細。要想度過人生的危難，戰勝人生中的種種挫折，完成天下的難事，要在年輕單純的時候，覺得為人處世容易和順利的時候就開始。要想成就高遠宏大的事業，實現理想和追求，必須從最細小最微不足道的地方做起，從最卑賤的事情起步。

你要記住：任何小事的累積都會達到分散幾次望塵莫及的效果，這是盪鞦韆原理中最重要的一環。

■ 正確的判斷

在摺紙和盪鞦韆這樣簡單的動作中，要主動發揮本身的內涵。你要能夠在任何情形之下，保持冷靜的分析、正確的判斷，這樣才會把自己所做的昇華為成功。否則，單純的重複毫無意義可言。

在任何環境、任何情形之下，都要保持一個清醒的頭腦，要保持正確的判斷力。在人家失掉鎮靜，手足無措時，你仍保持著鎮靜；在旁人做著可笑的事情時，你仍然保持著正確的判斷力，能夠這樣做的人才能完整地摺疊好自己的生命厚度。

在很多機構中，常見某位能力平平、業績也不出眾的雇員擔任著重要的職位，他的同事們感到驚訝。但他們不知道，雇主在選擇重要職位的人選時，並不只是考慮員工的才能，更要考慮到頭腦的清晰、性情的敦厚和判斷力的健全。他深知，自己企業的穩步發展，全賴於員工能腳踏實地做事和具有良好的判斷力。

一個頭腦鎮靜的成功者，不會因境地的改變而有所動搖。經濟上的損失、事業上的失敗，艱難困苦都不能使他失

去常態，因為他是頭腦鎮靜、信仰堅定的人。同樣，事業上的繁榮與成功，也不會使他驕傲輕狂，因為他安身立命的基礎是忠實的。

摺紙的藝術是非常奧妙的，前一次的摺疊往往是後一次的基礎，沒有前一次的摺疊，後一次的摺疊是不可能實現的。想成就大事，沒有前期的正確判斷，後期的目標是很難達成的。

處理和分析好當前的事情體現了一個人的判斷力。在任何情況下，做事之前都應該有所準備，要腳踏實地、未雨綢繆。否則，一旦困難臨頭，便要慌亂起來。當人家都慌亂，而你能保持鎮定之時，這就給予你極大的力量，你具有了很大的優勢。

在整個社會中，只有那些處事鎮定，無論遇什麼風浪都不慌亂的人，才能應付大事，成就大事。而那些情緒不穩、時常動搖、缺乏自信、危機一到便掉頭就走、一遇困難就失去主意的人，只能過一種庸庸碌碌的生活，他永遠無法用重複來創造成功。

屹立於海洋中的冰山，在任何情形之下都不為狂暴風浪所傾覆。無論風浪多麼狂暴，波濤多麼洶湧，那矗立在海洋中的冰山，仍巋然不動，好像沒有被波浪撞擊一樣。這是為什麼呢？原來冰山龐大體積的大部分都隱藏在海平面之下，

穩當、堅實地矗立在深海中，這樣就無法為水面上波濤的撞擊力所撼動。

　　思想上的平穩與鎮靜是思想和諧的結果。一個思想偏激、頭腦片面發展的人，即使在某個方面有著特殊的才能，也總不如和諧的思想來得好。頭腦的片面發展，猶如一棵樹的養料全被某一枝條吸去，那枝條固然發育得很好，但樹的其餘部分卻萎縮了。想讓一顆大樹茁壯成長，大樹的每根枝條都必須吸收充分的營養。要讓一個鞦韆達到一定的高度，需要前幾次高度的累加。

　　許多才華橫溢的人做出種種不可理喻的事情來，這是因為判斷力低劣的緣故，而這都妨礙了他們生命厚度的成長。

　　一個人一旦有了頭腦不清楚、判斷力不健全的敗名，那麼往往終其一生事業都沒有進展，因為他無法贏得其他人的信任。如果你想做個能得到他人信任的人，要讓別人認為你頭腦鎮定，判斷準確，那麼你一定要努力做到事事處理得當，冷靜對待。這對於你本身的昇華具有很大的幫助。

　　很多人做事時，尤其是做瑣碎的小事時，往往敷衍了事。本來應該做好，可是他們卻隨隨便便，這樣無異於降低他們成為鎮靜人物的可能性。還有很多人有了困難，往往不加以縝密的判斷，卻總是貪圖方便草率了事，使困難不能得到圓滿的解決。

　　如果你能常常迫使自己去做你認為應該做的事情，而且竭盡全力去做，不受制於自己那貪圖安逸的惰性，那麼你的生命厚度，必定會大大地增高，而你自然也會為人們所承認，被人們稱為「頭腦清晰、判斷正確」的人。

■ 成為摺疊生命的專家

　　當你步入社會之後，工作就是你一生的重要部分。你要靠工作來養家糊口，要在工作中發揮才能，實現自我。因此，當你進入職場之後，一定要記住；別在工作上被人看不起！被人看不起雖然不一定會影響你的一生，但絕對不是件什麼好事，對你也不會有什麼積極的一面。

　　要在工作中被人看得起，生命的摺疊才會更有意義。一個不知道如何工作的人，就不會曉得如何摺疊好自己的生命。

　　要想在工作上被人看得起，就要在職位上擁有自己的一席之地，那麼如何才能做到這一點呢？

　　其實只有兩個辦法：第一個是你賺了很多錢。只要你有錢，別人會對你另眼相看的。可是年輕人不大可能一踏入社會就賺大錢，絕大多數都要做好多年事，到了一定的年齡，才慢慢打下基礎，因此要靠「賺很多錢」來受到他人的注意、占有一定地位是需要很長時間的。第二個方法就是 ──

第二章　盤輆轊5大原理

盡快成為你那一行的專家！人能不能賺大錢和本事固然有關係，但也要機運來配合。換句話說，雖然你想賺大錢，但卻不一定賺得到。但「成為專家」這件事並不一定靠機遇，只要你肯下工夫，就有可能辦得到，並且真正受人注意與尊重，這樣自然在你那一行中占有一席之地。

我們來看一下陳美是如何使自己成為專家的！

陳美在一家大型建築公司擔任設計師，常常要跑工地、場勘，還要為不同的主管修改工程細節，非常辛苦，但她仍認真工作，毫無怨言。

雖然她是設計部唯一的女性，但她從不因此逃避需要體力的工作。該爬樓梯就爬，該到野外就勇往直前，該去地下倉庫也是二話不說。她從不感到委屈，反而很自豪。

有一次，主管安排她為客戶進行可行性的設計方案，時間只有三天。接到任務後，陳美場勘完，就開始工作了。三天時間裡，她都在處於異常興奮的狀態。她食不知味，寢不安枕，滿腦子都想著如何把這個方案做好。她到處查資料，虛心向別人請教。三天後，她帶著滿眼的血絲把設計方案交給了主管，得到了主管的肯定。因工作認真，現在陳美已是公司裡的紅人了，同時，她也成為了設計專家。

後來，主管告訴她：「我知道給你的時間很緊湊，但我們必須盡快把設計方案做出來。如果當初你因此推掉這個工

作，我可能會資遣你。你表現得非常出色，我最欣賞你這樣工作認真的人！」

我們應該像故事中的陳美那樣，盡快成為本業的專家。這裡我們強調「盡快」，並沒有一定的時間限制，只是說要越早越好。一年兩年不算短，三年五年也不能說長，完全看你個人的資質和客觀環境。雖然拖到四五十歲才成為專家，也不能說晚，但總是慢了些！因為到了這個年齡，很多人也磨成專家了，那你還有什麼優勢？因此「盡快」兩個字的意思是——出社會後，就要毫不懈怠，專精於你的本業，並成為其中的佼佼者！如果你能這麼做，你的人生鞦韆就會盪得比他人的高。

通常來說，剛走入社會的年輕人心情還不是十分穩定，有的忙於玩樂，有的忙於談情說愛，真正把心事放在工作上的不是很多，很多人只是靠工作來維持生計，有心想成為「專家」的則更少了。別人在玩樂、悠閒，這不正是你的好時機嗎？苦熬幾年下來，你累積了自己的實力，超乎眾人，他們再也追不上來，而這也就是一個人事業成就高低的關鍵！

那麼怎樣才能「盡快」在本行中成為「專家」，把自己的生命摺疊更厚呢？

- ▼ **選擇好你的職業**：你可以根據所學來選。如你沒有機會「學以致用」也沒有關係，很多有成就的人所取得的成就與其在學校學的並沒有太大關係。不過，與其根據學業來選，不如根據自己的職業興趣來定。而不管根據什麼來選，甚至隨緣也好，一旦選定了這個行業，最好不要輕易轉行，因為這樣會讓你中斷學習，達不到摺疊更高的效果。每一行都有其苦和樂，因此你不必想得太多，關鍵的是要把精力放在你的工作之上！

- ▼ **設定學習的目標**：你可以把自己的學習分成幾個階段，並限定在一定的時間內完成學習。這是一種壓迫式的學習方法，可逼迫自己向前進步，也可改變自己的習性，訓練自己的意志，效果相當好！然後，你可以開始展示自己學習的成果，你不必急於「功成名就」，但一段時間之後，假若你學有所成，並在自己的工作中表現出來，你必然會受到他人的注意！當你成為專家後，你的身價必會水漲船高，也用不著你去自抬身價，而這也是你「賺大錢」的基本條件。

- ▼ **刻苦努力**：行業選定之後，接下來要像海綿一樣，廣泛攝取、拚命吸收這一行業中的各種知識。你可以向同事、主管、前輩請教，這也是一種學習。另外可以吸收各種報紙、雜誌的資訊，此外，專業進修班、講座、研

討會也都可參加。也就是說，要在你所從事的行業中全方位地深度發展，使你的能力得到充分的昇華。

話又說回來了。成了「專家」之後，你還必須注意時代發展的潮流，並不斷更新提高自我，否則，你又會像他人一樣原地踏步。你要像盪鞦韆一樣，只有每一次所盪的高度超過前一次所達到的高度，你才會逐漸達到一個意想不到的高度。

■ 提高你的主觀能動性

摺紙這種小事可以提高一個人自身的主觀能動性，這種主觀能動性和文明有著必然的關聯。要知道，文明是人類和物質的有機組合而形成的東西。

人類和物質的有機組合就是為了生產、分配和輸送生活的必需品。傳送運輸是文明中的第一重要的因素。

如果人類和物質想要提高自身的價值就必須透過移動。人們在提高自身生命厚度時，借助於對物質的累積和移動，並不斷地對生命進行摺疊，從而提升自身的價值。誠然，鞦韆移動的軌跡是重複的，但是每次重複都有一個提升的過程，哪怕是短短的距離，這些距離在不斷累積的過程中，構建了生命的真實意義。

第二章　盪鞦韆 5 大原理

　　實現各種事物的有機組合的必要因素就是主觀能動性。
要在摺紙和盪鞦韆的原理中提高主觀能動性，就要在看似簡
單的重複摺疊和擺動中不斷地提升，這是摺疊生命的一種引
申與昇華。

　　主觀能動性就是對可能發生的事情的想像。主觀能動性
不僅僅是意味著預見正確的事情，具有主觀能動性的人應該
能夠把他的計畫構想成功地在現實中實施。

　　聰明地鼓勵他人的主觀能動性是必要的，否則黑暗時代
便會再次降臨，那樣不僅會毀滅人們的主觀能動性，人類的
文明也將會被消滅。

　　在高速發展的社會裡，僅僅仰賴過去成就的光環再也行
不通了，而且對於未來事業的發展也沒有助益。面對瞬息萬
變的世界，我們必須讓自己的主觀能動性得到發展，光是準
時到公司上班可不能為你保住鐵飯碗，我們對於自己之於公
司的價值也應該重新調整自己的看法 —— 自認為有權利要求
升官、加薪甚至於安於現狀，都很容易讓自己從人生的鞦韆
上掉下來。

　　在自己從事的領域出類拔萃，不斷地自我充實、終生學
習、專業知識的精進，這些都是專業人士提升主觀能動性以
及在市場上勝出的利器。

　　有一名舞者，她為了讓舞藝更上一層樓而付出的心力常

常令人們嘆為觀止。她平常的練習包括拉筋、舞步和手勢的協調、不斷挑戰自己的極限,而且在保持優雅的同時,還必須擠出一絲微笑,掩飾自己的不舒服。

年底的舞蹈發表會讓舞者可以展現一年來苦練的成果,大家都興奮地期待著這天的到來。當這名舞者長時間辛苦的練習最後成為舞蹈發表會上完美的演出時,每個人都為她感到無比的驕傲。不過這些成就都不是一觸可及的,而是不斷苦練、成長的辛苦累積。

可見,你的想像力、膽識、挑戰極限的能力以及勇於冒險的精神,這些方面的表現正是你的「發表會」舞臺。別讓過去或是現在具有的能力成了未來的老古董。就算成長的過程當中偶有難過的時候,也要咬牙撐過去。

我們要藉此提高自己的主觀能動性,以及突破目前的狀態,才能夠達到登峰造極的境界,拋棄一成不變的做法,不要執著於沒有效率的做法。我們要把精力投注在探索沒有人嘗試過的獨特方法,建立起新的表現指標,從而激勵自己做事的方法。具有主觀能動性的人一定會透過自己獨特的方式來實現自己的計畫。

美國年輕的 ABC 晚間新聞的主播彼得·詹寧斯(Peter Jennings)就是這樣一個人。

他當了幾年主播之後,就下了一個很大膽的決定:他辭

去了人人豔羨的主播職位，決定到新聞第一線去磨練記者的工作技能。彼得‧詹寧斯雖然連大學都沒有畢業，但是卻以事業作為他的教育課堂。他報導許多不同路線的新聞，並且成為美國電視網首位常駐中東的特派員，後來他搬到倫敦，成為歐洲地區的特派員。經過這些歷練之後，他才回到 ABC 主播臺的位置，成為美國廣受歡迎的年輕主播。

因此，不管你有多麼成功，你都得對專業生涯的成長不斷投注心力，如果不這麼做，工作表現自然很難有所精進，終將陷入無法突破的陷阱裡。如果你想要喚醒一個人的潛在力量的話，你就必須給他提供一定的刺激和鼓勵。

如果詹寧斯當初就只安於不變的薪資，他永遠都不可能有今天的成就，他就仍然會是一個默默無聞的普通人物。那些把消除人們的差異、使人們處於相同的水準、以及停止鼓勵人們發揮他們個性的規則都會使人類變得越來越無能。

當前的經濟不景氣以及其造成的數以萬計的工人失業都是因為社會上太缺少具有主觀能動性的人了。

真正的成功者能夠為大量的人提供工作。他們設計並實施偉大的工程計畫。他們把大量的原料經過物質生產加工成對人類有用的、美麗的產品。這樣的公司能夠為數以百萬計的人提供就業機會，這些人在獲得了工作報酬以後，將會使社會摺疊到一個新的高度。

當你不給那些具有主觀能動性的人發揮他們才能的時候，你只是在讓他們做單純的重複罷了，對於增加他們生命的厚度是毫無益處的。

■ 細節決定成敗

每一次摺紙和鞦韆的每一次擺動都是一個小小的細節，而正是這些環環相扣的細節才使生命的厚度有了一定的提升。

世界最偉大的建築師之一的路德維希·密斯·凡德羅（Ludwig Mies van der Rohe），在被要求用一句話來描述他成功的原因時，他只說了五個字，「God is in the details（魔鬼藏在細節裡）」。他反覆地強調，如果對細節的掌握不到位，無論你的建築設計方案如何恢弘大氣，都不能稱之為成功的作品。可見細節的功能和重要性是不容忽視的。

實際上不論什麼事都是由一些細節組成的。我們綜觀中外許多企業家的成功之道，其之所以能有傑出的成就，往往主要是管理層始終把細節的競爭貫徹於整個產品開發的始終。細節的競爭既是成本的競爭，創新的競爭，也是各個環節協調能力的競爭；從另一個層面上說，也就是人才的競爭。

著名作家托爾斯泰曾說過：一個人的價值不是以數量而是以他的深度來衡量的，成功者的共同特點，就是能夠做好

小事，並抓住生活中的一些細節。

　　隨著社會的不斷發展，市場競爭日益激烈，怎樣才能使企業始終立於不敗之地呢？可以說答案就是：細節決定企業競爭的成敗。這主要也是由兩個原因造成：第一，對於戰略面、大方向，角逐者們大都已經非常清楚，很難在這些因素上贏得明顯優勢；第二，現在很多商業領域已經進入微利時代，大量財力、人力的投入，往往只為了贏取幾個百分點的利潤，而某一個細節的忽略卻足以讓有限的利潤化為烏有。

　　「芸芸眾生能做大事的實在太少，多數人的情況只能做一些具體的事、瑣碎的事、單調的事。也許過於平淡，也許雞毛蒜皮，但這就是工作，是生活，是成就大事的不可缺少的基礎。」

　　隨著社會的發展，專業化程度越來越高，社會分工越來越細，也要求人們做事認真、細膩，否則會影響整個社會體系的正常運轉。

　　可見，企業的競爭源於細節的競爭，同樣，一個人要想在其眾生中表現得搶眼就必須重視細節。處理和分析日常細節活動體現一個人的能動性。一個善於做大事的人是從小事累積的結果；一個善於完成每次摺疊任務的人才會有望獲得更高的生命厚度。只有那些腳踏實地，把每一次累積當作基礎的人，才能夠把自己的生命摺疊到 52 次。

達爾文的《演化論》闡述了物種生命的傳承。動植物繁衍的種子，風可以刮著走，鳥可以用嘴銜，被人不經心就可以忽略甚至丟棄的，卻負載著生物自然的最偉大傳承。

任何人都不可否認的一個事實就是：最偉大的生命往往是由最細小的事物彙集而成的。

絕大多數人很少能有機會遇到那種重大的轉摺，很少有機會能夠開創宏偉的事業。而生活的溪流往往是由這些瑣碎的事情、無足輕重的事件以及那些過後不留一絲痕跡的細微經驗漸漸彙集成的，也正是它們才提升了個人生命的真正要義。

因此，不要小看簡單的摺紙和盪鞦韆這樣的細節動作，每一次摺疊和擺動，本身的厚度不僅僅是增加兩倍那麼簡單。

細節一：小事中有大學問

你也許對於手中的紙進行了反覆的摺疊，你現在已非常厭煩了，你認為你離成功還很遠。可是你真的在這些細節動作中體會到其中的內涵了嗎？你是簡單地重複這種動作，還是在每一項摺疊中有所體會呢？好好想想吧！

人與人之間的差別，往往就在一些細小的事情上，並且正是因為這些細小的事情，決定了不同的人具有不同的命運。

　　陳明和李寧在同一家出版公司上班。剛開始他們都是普通職員，拿同樣的薪水，但後來陳明卻被提升到了部門主管的位置，薪水也當然比李寧多了許多。李寧不服，工作上處處和陳明作對，他以為是部門經理在從中作梗，就告到了上級主管那裡，說：「我比陳明早進公司半年，為什麼他升遷了，而我還是一個普通職員呢？」

　　上級主管笑了笑，什麼也沒說，馬上安排他們去圖書市場進行調查，分析職場類圖書上市了多少種。等調查報告一交，上級主管把陳明的調查報告交李寧，李寧一看，臉一下子就脹紅了。陳明不了解原因，就問上級主管怎麼回事，上級主管笑著對他講述了事情的經過：

　　「你們都是依照我的指派去市場進行考察，但我又讓李寧重新考察了三次。第一次，他報告目前上市的職場類圖書有 10 種，我問他價格怎樣，於是他又去了一次，問好了價格，我又問他是哪些出版社出版的，有多少頁碼、使用什麼紙張，結果他又去了一次。」

　　「而你去了一次回來，就十分詳細地向我彙報了目前上市的職場類圖書有多少種，以及它們各自的名字、出版機構、採用什麼紙張、有多少頁碼、什麼樣的開本、定價多少、成本大致多少等等。並且總結了調查結果，這類圖書很有發展前景，利潤也非常大，不僅如此，你還繪製了圖表進

行了說明。當我把你的報告給李寧看的時候，他就知道自己
為什麼不能晉升的原因了。」

同樣的小事情，有心人做出大學問，不動腦子的人只會
來回跑腿而已。別人對待你的態度，就是你做事情結果的反
應，像一面鏡子一樣準確無誤，你如何做的，它就如何反射
回來。

你在摺紙中又想到了什麼呢？

細節二：簡單的事情重複做

簡單的事情做好了就是不簡單，簡單的事情重複去做就
能創造成功。下面這個例子更能說明問題。

有一個非常著名的推銷員，即將退出自己的職業生涯，
為此，他要進行最後一次演講。當時，會場上的人很多，當
帷幕拉開之後，舞臺的正中央吊著一個巨大的鐵球。這時，
那位推銷員微笑著進入場內。緊接著，一位工作人員很費力
地抬著一個大鐵錘，放在推銷員的面前。

人們不知道他要做什麼，這個推銷員要求一位身強體壯
的觀眾上臺，並和他說明規則，請他用這個大鐵錘，去敲打
那個吊著的鐵球，直到把它盪起來。那個人二話不說，擺開
架勢，揮動鐵錘，全力向那吊著的鐵球敲去，一聲震耳的響
聲，那吊球動也不動。他就用大鐵錘接二連三地敲向吊球，

很快他就氣喘吁吁。觀眾們開始推斷這些舉動徒勞無功，等待著推銷員做出解釋。

但是這個推銷員並沒有解釋什麼，他從上衣口袋裡掏出一個小錘，然後認真地，面對著那個巨大的鐵球。他用小錘對著鐵球「叮」地敲了一下，然後停頓一下，再一次用小錘「叮」地敲了一下。人們奇怪地看著，他就這樣持續地做。十分鐘過去了，二十分鐘過去了，會場早已開始騷動，甚至罵聲連連，人們用各種聲音和動作發洩著他們的不滿。但是這個推銷員仍然不停地動作著，他好像根本沒有聽見人們在喊叫什麼。

大約在這個推銷員進行到五十分鐘的時候，坐在前排的一位年輕人突然大叫：「球動了！」剎時間會場立即鴉雀無聲，人們聚精會神地看著那個鐵球。吊球在推銷員一錘一錘的敲打中越盪越高，它拉動著那個鐵架子「哐、哐」作響，它的巨大威力強烈地震撼著在場的每一個人。全場爆發出一陣熱烈的掌聲。

由此可見，成功就是將簡單的事情重複去做，只要我們有足夠的耐心將小事做細培養成一種習慣，我們的生命便可摺疊到一個新的高度。如果只圖一時，而不顧長遠，自然起不到這樣的效果。要明白，在每一個細節上把事情做好是相當難的。

在生活中，我們常常不知道自己該做些什麼。幼時的夢想越走越遠，風霜的磨礪和肩上的重擔時時讓我們不知所措，不知道後來的路怎麼去走。

事實上，每個人都希望夢想成真，成功卻似乎遠在天邊遙不可及，倦怠和不自信讓我們懷疑自己的能力，放棄努力。其實，我們不必想以後的事，只要想著今天我們要做些什麼，明天我們該做些什麼，然後努力去完成，就像那個推銷員一樣，認真敲好每一錘，成功的喜悅就會慢慢浸潤我們的生命。

所以，成功是一個日積月累、持續不斷的過程，任何希圖僥倖、立時有成的想法都注定要失敗的。

細節三：青蛙哲學

先讓我們看看這樣一則事例：

如果將青蛙一下子丟進一桶沸水當中，這隻青蛙一接觸到沸水就會迅速地跳出來。但是如果將青蛙放入冷水中，慢慢地將水煮沸。這隻青蛙舒展四肢，逐漸地開始享受溫水浴。再過不久，青蛙發現水太熱了，此時青蛙已經跳不出來了。

生活中許多事情就是這樣慢慢地變化的。如果你像青蛙這樣迷迷糊糊地生活，當你覺醒時，你就已經太遲了，因為受生活中諸多因素的影響，你的能力和條件都會退化。

青蛙哲學告訴我們：生活是累積而成的，無論是好事情還是壞事情，事情都是積少成多的。掌握了青蛙哲學，你就要注意事物的發展變化，注意事物的發展趨勢：它是朝著好的方向發展，還是朝著壞的方向發展；它是朝著你的目標前進，還是背道而馳。正確理解事物的發展變化有利於我們更好地摺疊生命。

讓我們再重溫一下「千里之堤，潰於蟻穴」的成語典故。

河岸邊有一片小村莊，為了防止水患，村民們築起了巍峨的長堤。一天，有個村民偶然發現螞蟻窩一下子猛增了許多。這個村民心想：這些螞蟻窩究竟會不會影響長堤的安全呢？他要回村去報告，路上遇見了他的兒子。村民的兒子聽後不以為然地說：那麼堅固的長堤，還害怕幾隻小小螞蟻嗎？隨即拉著父親一起回家了。當天晚上風雨交加，河水暴漲。咆哮的河水從螞蟻窩開始滲透，繼而噴射，終於沖決長堤，淹沒了沿岸的大片村莊和田野。

長期以來，這句成語一直被當作是防微杜漸的警世箴言。那麼小小的螞蟻怎麼會有這麼大危害呢？

要知道，造成潰堤的螞蟻不是我們平常所說的螞蟻，而是白蟻，牠們的破壞力極強，而且牠們為害隱蔽，行蹤詭祕，即使河堤土壤受害十分嚴重，但從外表看依然完好無損。由於白蟻不斷地在河堤土壤上分群、蠶食、築巢，導

致河堤土壩內蟻巢「星羅棋布」，已經掏空了大堤。汛期到來，水位高漲，水流滲入蟻道、蟻穴，造成管湧、滲漏，毀壞堤壩。

由此可見，青蛙哲學告訴我們：壞事情如果積少成多，就如白蟻掏空大堤一樣，也會使我們的人生大堤崩潰。這就是忽視細節的代價。

在現實生活中，1%的錯誤會導致100%的失敗。我們因此不要像青蛙那樣在漸熱的溫水中迷失自己。

當代社會最讓人驚慌害怕的是什麼，不是什麼獅子、老虎等龐然大物，是肉眼看不到的細菌，是至今人們找不到因由的癌細胞，是無法醫治的愛滋病毒。就是這些看不到的東西成為人類的大致。

綜觀歷史許多勝者王侯敗者賊，興興衰衰朝代事，感人的都是那些生活在枝枝杈杈間曲環交錯的細節。有些片段，當時看著無關緊要，後來事實上卻牽動了大局。

青蛙哲學再次印證：細節決定我們的成敗。

■「踏實」絕不是放棄思考的權利

對於任何一個試圖增加生命厚度的人而言，首先最需要的是，他必須在反覆摺疊的基礎上認真思考自己，以免盲目行動。

我們要明白：有限的思考會造成有限的生命的厚度，所以在思考人生時，要盡量提升自己。惟有你自己去真正思考，才是唯一有望實現自身價值的方法，才能破除盲目，達到一個成功的高度。

亨利‧福特（Henry Ford）說：「思考是最艱難的工作，這也就是為何很少有人願意去做的原因。」

「踏實」正是讓我們在此基礎上做以認真的思考。如果你想成為什麼樣的人，就得下決心做出那種人的思考、感覺及行為，並培養出那種人所具備的一切能力，最後你就真的能成為那樣的人。

美國紐約房地產界大亨唐納‧川普（Donald Trump）可算是一位傳奇的人物。他怎麼能攀升到那樣的地位呢？其中原因不少，然而不容否認的是，他在西元 1970 年代中期的紐約多家銀行倒閉風暴中，有著和其他人不同的思考。

當時很多房地產商人所想的問題是：「如果紐約這個都市沒落，我要如何保住現有的一切？」然而川普卻有截然不同的想法：「當大家都為目前的情況憂心忡忡時，我想的是怎麼做才能致富？」他所提的這個問題幫助他做出許多的重大投資決定，結果使他成為紐約金融圈中的主要人物。

但他並未因此而滿足，反而又提出更具野心的問題，作為每次投資時的考慮重點，一旦他相信其中具有經濟上重大

的利益時便會提問:「如果投資不順的話該怎麼辦?如果發生最惡劣的狀況,我是否能控制得住?」他認為如果碰上了最惡劣的情況都能挺住,那麼就應該投資,情況若是較預期的為佳就更不得了。他能提出這麼精確的問題,結果當然是不言而喻了。

此時,川普的生意越做越大,當時沒有人能有他這股魄力。當全球經濟風向開始好轉時,他可以說真是賺翻了,然而最終他還是遭逢經濟上的麻煩。何以會如此呢?許多人說那是他不再進行投資之故,因為他所提的問題已開始轉變為:「我要如何來享用所擁有的一切?」而不再是:「什麼是最能獲利的生意?」更糟糕的是川普竟然膨脹到自認為是個所向無敵的人,因而停止了提出「情況惡劣時」的問題,就這個對未來判斷的轉變 —— 他提問自己的轉變 —— 結果使他損失了大筆的財產。由此可見,影響你人生的不只是你提什麼樣的問題,還包括你沒有提什麼樣的問題。

美國著名行為學家認為:既然我們的腦子具有這樣的思考威力,為何有那麼多的人還不能增加自己生命的厚度呢?為什麼有那麼多的人終日垂頭喪氣,一副找不到生活目標的樣子呢?很可能其中的一個原因是他們對所思考的問題並未希望獲得答案,同時也沒有好好思考出能使他們情緒振奮的問題。希望進行有效的思考,必須使其與痛苦或快樂結合才行。

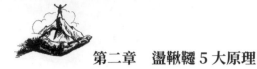

因此你若是想使人生過得更好，就必然改變平常思考問題的習慣，所思考的問題要能鼓舞你的內心，朝向人生目標邁進。

也許你目前的處境很不好，也許你會說「我永遠沒辦法」或「我就是不行」這樣的話，這時，好好想一想你說這話的後果，你是不是給自我設限了呢？如果是的話，那麼就要利用這個機會來提升自我。別光想你沒法做那件事，而要想你能做好那件事，然後拿出行動，使之成為你新的體驗。日後當你再想到自己不行時，這個體驗可使你感到踏實，知道自己的能力遠超過自己的所想。

在你摺疊生命的同時，你要學會開始自問：「我能摺疊得更高嗎？我會摺疊得更多嗎？此刻我想成為什麼樣的人呢？」固然，我們周圍的環境不會盡如人意，可是你要排除萬難，全力實現所持守的價值和所做的美夢。在你的心裡要這麼想：「我要一直想著自己就像是已經實現了目標的人，不管是呼吸方式、走路方式及待人方式都要相符。」

此刻你已經摺疊到了第 51 次，這是一個關係你人生的重要關頭，你必須做出正確的決定。過去的就別再想了，只要想想現在的你，你到底想成為什麼樣的人？過去你是什麼樣的人已無關緊要，重要的是現在你想成為什麼樣的人？你要好好思索這個問題，讓它成為摺疊生命最後一次的重要決定。

　　如果說我們能從當代那些有特殊成就的人身上學得什麼重要特質，那就是「惟有好的思考模式才能有好的人生」，而我們每個人都具有開創偉大人生的思考能力。

　　可見，踏實做事並不是放棄思考的權力，而是一個提升思考格局的過程。

■ 單純的重複只是一種浪費

　　你可能認為，摺紙和盪鞦韆其實就是一種簡單的重複動作。事實上這種想法是錯誤。

　　摺紙和盪鞦韆看似是一種簡單的重複，但是每一次帶來的結果都是不同的。我們要做的是，在這種看似簡單的動作中，提升自己的工作效率，否則，只是在浪費我們的時間而已。

　　對待時間，我們首先應該明白的是，人的時間是非常有限的，你必須爭取把它花在最有用的事情上，也就是讓每一次摺疊都有一個高度。實際上，時間就是金錢。一個不珍惜時間，隨意揮霍時間的人早晚會吞下懊悔的苦果。我們應該善於利用零散時間。生活中往往出現很多零散時間，要充分利用大大小小的零散時間，去做零碎的事，從而最大限度地提高工作效率。

　　有很多公司在召開會議上浪費了不少的時間。會議是為了溝通資訊、討論問題、安排工作、協調意見、做出決定。

會議時間運用得好，可以提高工作效率，節約大家的時間；運用得不好，反而會降低工作效率，浪費人家的時間。

　　一個最具效率和最成功的人會把時間投資在重要的活動上，並在進行這些活動的過程中恰如其分地掌握好「度」，這一個「度」便是在摺紙藝術中的一個昇華。

　　那麼如何利用好時間來提高自己的工作效率呢？成功學大師拿破崙‧希爾（Napoleon Hill）為我們總結了保持較高工作效率的四大法則：

發揮能動力

　　成功的第一條法則是具備能動力。能動力是一種積極的主動的力，是一種去做、並且正確地去做事情的願望，是懷著一個特定的目標，從一點向另一點移動，向著新的陣地前進的願望，是去成就既定工作的願望。有些人從小就有這種動力，他們一心一意地去做他們所做的每一件事，他們必然獲得成功。

　　發揮能動力的最佳方法也許是這樣的：把你一天的時間分割成盡量小的若干部分，把每一部分都當作是獨立的有價值的部分。一旦你把工作拆成許多元件，你就能投身於其中之一，把它完成，然後再繼續做下一項。這樣會使你改變速度，並且不斷享受完成任務的清新之感。

控制好惰性

很多人之所失敗,是因為我們對於面前棘手的工作拖著不辦。我們不過是被惰性所抑制了,而如果令這種惰性發展下去,它會產生一種永久的慣性。克服的辦法是利用它,讓消極的力量轉化為積極的強加力。

假設你有一項較大的工作,它必須花費幾個小時去完成。你對自己說,等把它做完了的時候,你就清閒了,現在阻礙你去享清福的就是這項工作。一旦你獲得了啟動並簡潔地利用自己的旺盛精力的能力時,你便能夠在一段較長的時間裡使用它了。關鍵在於一開始就使用它,等運用自如時,你會馬上發現這是用之不竭的力量泉源。

因此,你要明白,著手某件事情後,就去完成它。否則,精力會在事情的拖延之中衰敗。

學會抵制厭倦

厭倦對一個人元氣的損傷是無可比擬的。假如你對摺疊生命的意義產生了厭倦,按下列方法作以嘗試:

▼ 和自己比賽,在一天結束之前,你能完成你必須完成的工作。

▼ 做每件工作都給自己一個時間限度。

▼ 一天給自己確立一個主要目標。

▼ 在一星期中確定一天為「追趕」日,這樣在其他天裡可避開大部分瑣碎和惱人的事。

▼ 不要把一天當作時間進程的延續,那樣沒完成的工作便可推遲到下一天。有成就的人在計畫他們的生命時,是著眼於每一天的成就,讓每一天都有特定的收穫。這種緊迫感自然會導致全神貫注工作的無窮力量。

順其自然

許多人是把自己鎖在與自己的自然習慣和行為方式的精神鬥爭中來度日的,再沒有比這更具有破壞力了。

假如你想豐富自己的日常工作,那要設計一個切實可行而且行之有效的計畫。但它必須是靈活可變的,以便使你不時地改變工作速度。當然,你將不得不一次又一次地妥協,但要記住,與自己的意願對抗所消耗的精力越多,用於你工作中的則越少。

不要把摺紙和盥鞦韆當作是一種單純的重複,你做的是,在這種看似單純的重複中提高工作效率,把你的生命摺疊到一個新的層次。否則,單純重複只是一種浪費而已。

原理 3

鞦韆盪得越高，所擁有的空間就越大，所擁有的機會也就更多，你必須學會欣賞和掌握。

踏實地做事不代表錯失良機，而是在孕育能量，等待良機。

也許你年輕聰明、壯志凌雲。也許你不想庸庸碌碌地過此一生，渴望聲名、財富和權力。因此你常常抱怨：我為什麼沒有成功的機會呢？如果是這樣，你先看看下面的故事吧！

有一個山村附近發生了水災。許多村民紛紛逃生，一位上帝的虔誠信徒爬到屋頂上去，等待上帝的拯救。

不久，大水浸過屋頂，剛好有艘木舟經過，船上的人要帶他逃生。這位信徒胸有成竹地說：「不用啦，上帝會救我的！」木舟就離他而去了。頃刻之間，河水已浸到他的膝蓋。剛好有艘汽艇經過，來拯救尚未逃生者。這位信徒則說：「不必啦，上帝一定會救我的。」汽艇只好到別處進行拯救工作。

半刻鐘之後，洪水高漲，已至信徒的肩膀。此時，有一架直升機放下軟梯來拯救他。他卻死也不肯上機，說：「別擔心我啦，上帝會救我的！」直升機也只好離去。最後，水繼續高漲，這位信徒被淹死了。

死後，他升上天堂，遇見了上帝。他大叫：「平日我誠心祈禱，您卻見死不救。算我瞎了眼啦。」上帝聽後叫了起來：「你還要我怎樣？我已經為你派去了兩條船和一架飛機！」

從故事中，你領悟到了什麼？在現實生活中，你缺少的僅僅是機會嗎？

另外，「踏實」並不代表木訥的頭腦和缺少競爭意識，反而是提出了更高的要求。「踏實」是需要你主動去爭取，必須具備抓住機會的能力。

踏實的人不是被動的人，他會記得為機會開門。在通往成功的道路上，每一次機會都會輕輕地敲你的門。不要等待機會去為你開門，因為門栓在你自己這一面。機會對每一個人都是平等的，但機遇出現的形式是多樣的，所以很多人不能很快地辨別機遇，它不可能僅以一種形式出現在事物的發展變化中，它可能以不斷更替的變化形式出現。

你還要善於發現機會。很多的機會好像蒙塵的珍珠，讓人無法一眼看清它華麗珍貴的本質。踏實的人並不是一味等待的人，要學會為機會拭去障眼的灰塵。

「踏實」不等於單純的恭順忍讓。沒有一種機會可以讓你看到未來的成敗，人生的妙處也在於此。不經努力得到的成功就像一部索然無味的電影。選擇一個機會，不可否認有

失敗的可能。將機會和自己的能力對比，合適的緊緊抓住，不合適的學會放棄。用明智的態度對待機會，也使用明智的態度對待人生。

脫穎而出的「腳踏實地」關鍵在於找到合適的機會摺疊你自己！

■ 「踏實」並不代表錯失機會

一步一個腳印的踏實行為，看似笨拙，其實不然。腳踏實地認真做事正是為捕捉良機做好準備，一旦機會來臨就會順勢而下，造就成功。

摺紙的藝術就在於每一次摺疊都打下了良好的基礎，當摺疊到了一定的高度後，它擁有的空間越大。一個人的生命摺疊到了一定後高度就會擁有了廣闊的施展空間，擁有了廣闊的空間，就擁有一定的機會。

因此，踏實地做事並不代表錯失良機。當機遇來臨的時候，改變策略和方法，踏實做事，就能準確地把握機遇，這一點對剛步上成才之路的年輕人至關重要。

美國百貨業大人物約翰·甘布士（John Gabbs）在談到成功的經驗時說：「不要放棄任何一個哪怕只有萬分之一的可能的機會。」在追求事業的旅程中，有時稍有疏忽，就地觀望，裹足不前，就有可能與機會失之交臂。

　　機會真是一個美麗而性情古怪的天使，她倏忽降臨在你的身邊，如果你稍有不慎，她又將翩然而去，不管你如何悲苦嘆息，卻從此杳無音信，不復返了。有的人在時機失去後才頓足扼腕，那他只能是個十足的倒楣鬼；而有的人卻懂得機遇是稍縱即逝的，因而能及時把握它，這樣，他的生命厚度會得到更快地成長。

　　英國詩人布萊克有一首詩是這樣寫的：如果在時機成熟前強趁時機／你無疑將灑下悔恨的淚滴／但如你一旦把成熟的時機錯過／無盡的痛苦將使你終身哭泣。

　　然而，當機遇確實從你鼻子底下溜走時，光埋怨自責，乃至消極沉淪是不行的。重要的是，要認知到機會是不斷會有的，錯過了一次機會，追悔惋惜無濟於事，倒不如讓心情平靜下來，積聚力量重新把你的人生鞦韆盪高。

　　昨天的機會雖永遠逝去，但新的機會、新的希望仍會不斷呈現在你的面前。要知道，春天失去了還有夏天，太陽落下了還有月亮。只要始終不放棄努力，機遇終會向你招手。

發現機會

　　要抓住機會，首先必須善於發現機會。

　　對於一個想要增加生命厚度的人來說，要想取得成功，要想捕捉到成功的機遇就必須擦亮自己的雙眼，使自己的雙

眼不要蒙上任何的灰塵。這樣，才能夠在機遇到來的時候伸出自己的雙手，從而捕捉到成功的機遇。

　　成功的人之所以能每每抓住成功的機遇，完全是由於他們在生活中處處都很留心，他們具有一雙捕捉機遇的慧眼，當機遇來臨的時候，他們就能迅速做出反應，從而把機遇牢牢地抓在自己的手中。

　　要發現機遇一定要處處留心，獨具慧眼。其實只要你仔細留心身邊的每一件小事，這每一件小事當中都可能蘊藏著相當的機會，成功的人絕不會放過每一件小事。

　　喜歡足球的人都知道，義大利人對足球的狂熱是無法比擬的。但義大利人對足球的狂熱卻在某種程度上衝擊了餐飲業。因為每到足球聯賽期間，特別是像世界盃這樣的足球大賽到來的時候，成千上萬的球迷都足不出戶，端坐在電視機前觀看足球賽。因此，每到足球大賽到來的時候，眾多的餐飲業主都為生意的蕭條而一籌莫展，然而有一位餐飲業主開設的餐館的生意卻異常的興旺。

　　那麼，這位業主有什麼絕招呢？他的對策其實很簡單。只不過是在自己餐館的角落，包括走廊、廁所都安裝上了電視，以確保每位前來光顧的客人在任何一個角落都能夠看到精彩熱鬧的球賽。

　　事實上，這位業主的成功，完全得益於他是一位細心生

活的人。由於他的細心，他發現如果讓義大利人在美食和足球之間做出選擇，他們會毫不猶豫地選擇足球。要使顧客回到餐館就必須有一個兩全其美的方法，因此，他才發明了用電視服務招攬顧客的方式，這一方法果然奏效，使他獲得了非常可觀的收入。

可見，我們的身邊有許多的機會，我們要在生活當中處處留心，這是因為機會往往來得都很突然或者很偶然。因此，只有用心的人才有可能在機會來臨的一瞬間捕捉到它。

那麼，如何去發現機會來增加自己生命的厚度呢？

▼ **廣交朋友**：總體來說，善於發現機會的人是那些擁有許多朋友的人。你的人際關係網越大，你發現某種走運機會的可能性就會越多。

美國有個叫歐‧威廉的人，他是一個負責物色人才的人，他曾這樣說過：「幸運的人，都是愛好交際的。他們總是主動結交朋友，他們愛和陌生人交談，他們愛參與各種活動，熱衷於聚會，喜歡和人打招呼。如果在飛機上坐在別人旁邊，他們總是先開始談話。他們不只記得賣給他們早報的人的面孔，而且還知道他的尊姓大名，知道他有幾個家庭成員等等。」

▼ **抓住機遇需要悟性**：悟點就是機遇，抓住悟點就等於抓住了機遇。悟性就是財富，機遇也是刺激悟性生成的。

當人們由於某種機遇，受到外界事物刺激，或長期思考某一問題，形成大腦皮層中某些特別強的興奮點後，這些潛在的資訊、意識、聯想、悟點等等，像閃電一樣突然照亮人們的思路。

有的人認為，機遇是神祕的。其實機遇與人的感悟有著很大的關係，機遇是種客觀存在，關鍵在於能不能發現它，全取決於人的悟性和靈敏程度。感悟就在於為人們發現機遇提供悟性、靈敏的思考方式。我們探討機遇與悟性的關係時，就是要解決二者之間的社會關係以及相互關係。

我們知道，感悟的激發與偶然機遇的捕捉有密切的關係。偶然機遇發生的機率越高，激發的機遇就越多，兩者是成正比例的。因此，如何提高機遇的發生機率，就成為能動地利用感悟激發規律的又一個重要方面。

▼ **對問題要有所準備**：善於發現機會的人都養成從最壞的結果考慮問題的習慣，謹防受到意外之災的襲擊，天天實行這個原則，嚴格地按此辦事。讓·保羅·蓋提（Jean Paul Getty）說：「進行任何交易的時候，我主要的想法在於，如果事情出了問題，如何進行補救。」

善於發現機會的人所慣用的從壞處考慮的原則可以明確地用所謂莫非定律表達出來，這就是：「如果一件事可能

出問題的話，它就會出問題。」千萬千萬不要假定自己是命運的寵兒，絕對不要放鬆你的警惕。

▼ **取捨得法**：走運的人在壞運氣變得更壞之前就把它拋棄了。這聽起來好像是一條簡單不過的竅門，然而許多人——基本上是那些不走運的人——似乎從未掌握它。任何嚴重虧本的冒險總是有一個開端的時期，這時候你放棄它就會使你少受或者不受損失。但那個時期也許會很快地消逝。當時間已經過去，機會已經溜走，你所處的環境的黏合劑就會迅速固化，你的雙腳就被牢牢地黏在那裡了，也許是一輩子。

以上方法我們不妨在現實生活中多試一試，這對於我們發現機會是絕對有好處的。

記住，踏實是做事的一種認真態度，在這種看似簡單的重複動作中，你要去主動發現機會，很快你就會接近摺疊的結果了。

創造機會

機會是增加成功厚度的跳板。聰明的人不是讓「好心人」送來機會，而是主動撲向機會，從機會中打撈自己想要的「黃金」。

保羅・高爾文（Paul V. Galvin）是摩托羅拉公司（Motorola, Inc.）的創始人和締造者。成功後的高爾文，常有人向他討教成功的祕訣，每當這時，高爾文就總會講起自己小時候賣爆米花的故事。

高爾文就出生在美國伊利諾州的一戶平民家庭。十歲那年，高爾文在一個名叫哈佛的小鎮上念書。哈佛鎮當時是個鐵路交叉點，火車通常都要停留在這裡很久，於是，許多孩子便趁機到火車上賣爆米花，一個個獲利頗豐。

高爾文認為在車站上賣爆米花是個不錯的買賣，於是，利用業餘時間，他也加入了賣爆米花的行列。為了爭奪顧客，孩子們常常會爆發一些「戰事」。但每當「戰火」燒到高爾文身邊時，他總是能很快與對方和解，他常常告誡對方：「再這樣下去，誰也做不成生意了。」除了到火車上叫賣，高爾文還想了許多辦法來增加銷量。他準備了一臺爆米花機，用車推到火車站或馬路上叫賣。還往爆米花裡摻入奶油和鹽，使其味道更加可口，這樣吸引了更多的顧客。

從此，在火車上做買賣很快成了一個大熱門，不但鎮上的孩子們紛紛加入競爭行列，而且鐵路沿線其他村鎮的孩子也紛紛效仿。高爾文隱隱感到這種混亂局面不會維持太久，便在賺了一筆錢後，果斷退出了競爭。不出所料，不久之後，車站就貼出通告，禁止一切人進入車站和火車上買賣。

賣爆米花的經歷，培養了保羅・高爾文對市場動態敏銳

的掌握能力，也成為他日後營運生涯中賴以制勝的法寶。

　　因此，一個人要創造機遇，首先要認知到機遇對於事業、人生的重要性，要研究機遇的特點和出現的方式，積極地追求機遇，創造機遇，絕不應在機遇到來時行動遲緩，疏於決斷，造成一時甚至一生的缺憾。

　　要創造機遇的方法有很多，拿破崙‧希爾發現了一套接近機遇、創造機會的方法，不妨我們試一試：

表現出自己的才能，別人才會幫你創造機遇

　　什麼是機遇？有人說，機遇就是替自己的才華安裝聚光燈。這說明，要抓住機遇，僅僅有才能還不夠，還需要把才華顯示出來，讓身邊的人尤其是主管知道。這樣，機會光臨時，也許你自己沒想到逮住這個機遇，但主管卻因為覺得你有才華，而幫你逮住了這個機會，讓你喜出望外。

機遇來臨時，果斷地抓住

　　「機不可失，失不再來」。有些人，由於平時沒有養成主動接受挑戰的精神，當機遇忽然來臨時，反而心生猶豫，不知該不該接受。於是，在患得患失之際，機遇擦肩而過，悔之晚矣。因此，在平時就應養成主動接受挑戰的精神。在大是大非面前，一定要當仁不讓。

勇於冒險

俗話說：「不入虎穴，焉得虎子。」要抓住機會，還得有點冒險精神，因為機會往往是與風險並存的。要想抓住機會而又不敢冒一點風險，就會喪失很多可能導致人生重大轉摺的機會，使自己的一生平淡無奇。因此，在精力旺盛的年齡，應該為自己的人生增添一點傳奇色彩。當然，勇於冒風險的人不會個個成功，但成功者之中，很多是因為他們勇於冒風險。

良好的人際關係創造機遇

善於掌握時機還要多為自己創造機會。那些走運的人不僅會掌握時機，同時還廣交朋友，積極為自己創造機會主動結交朋友，多和陌生人交談，參加各種聚會，喜歡與人打招呼。這樣你的人際關係網越大，你發現某種走運機會的可能性就會越多。

如果我們不能發現機遇，我們就要主動去創造機會，沒有機會是主動來找我們的，我們需要有創造機會的本領，用踏實做事來創造更多的機會。

把握機會

成功是一個才能、努力和機會的綜合體，三者缺一不可。許許多天賦比你有過之而無不及的人，終日辛勤工作，

卻最終一生窮困潦倒，就是因為他們不能夠及時把握住機會。

如果一個年輕人相信機遇會從天而降，他就會不斷地拒絕各種機會，因為那些機會都不夠好，他所要的是大名厚利、高職位，他不屑從基層起步。我們可以想像，不久人們便懶得給他任何機會了，而他一生很可能就這樣耗掉。一味相信運氣，使這個年輕人喪失許多機會。

一個真正想成功的人，不會等待運氣護送他走向成功，而會努力換取更多成功的機會。他可能會因為經驗不足、判斷失誤則犯錯，但是只要肯從錯誤中學習，等他逐漸成熟後，就會成功。真正想成功的人，不會只是坐下來怨天尤人，埋怨沒有機遇。他會檢討自己，再接再厲。

很多人夢想成真時，總是謙遜地說：「因為運氣好。」但我們應該知道，經驗與判斷力才是他們的利器。坐待機遇的人，往往以空虛或災難臨頭收場。

腳踏實地與判斷力強的人沒有暴起暴跌的危險，他們的成功是持久而可靠的。年輕人常懷夢想，這點無可厚非，但如果把夢想轉變成對好運的期盼，就與成功背道而馳了。只有努力與多動腦筋才是最可靠的。

也許，在許多人的眼中，別人的成功只是一種偶然，一種運氣，他們不可能看到人家平時所下的功夫，他們總在奢

求那樣的好運氣，也從天而降，落到自己頭上。

「自立者，天助之」。上天從來不會幫助懶漢。沒有平時的累積和總結，當機會來臨的時候只能夠一次又一次地與之錯過重來。

掌握你生命中的機遇，高懸某種理想或希望，奮力以赴，使自己的生活能配合一個目標。有許多人庸庸碌碌，默默以終，這是因為他們認為人生自有天定，從沒想到可以創造人生。事實是人生存在世上，哪有天定？好好地利用自己的生活，使它朝著自己的計畫和目標奮進，這樣就成就了人生。

朋友，機遇其實就在你的眼前，成功與否取決於你是否能掌握機遇。新的生活態度和新的努力，可以使失敗變為成功。

只要我們能夠發現機會、創造機會，並牢牢把握住機會，那麼把我們的生命摺疊到 52 次就成為一種必然的結果。

■「踏實」並不代表缺乏資訊

踏實做事往往會給人以頭腦木訥的印象，但這只是表面現象。一個踏實做事的人是一個善於動腦的人，他在沉靜中思考做事的方法，他在每一次摺疊中去發現成功的資訊。

要知道，現在社會是資訊時代，一個人能否取得更大的

成功，往往取決於他搜集資訊和運用資訊的能力。因為現在的工作，很多都是需要資訊來輔助完成的，沒有資訊就很難分清目標的難易程度，從而也達不到生命的厚度。

在人生這個大鞦韆上，你如何搜集資訊，資訊充分與否，可以說是決定了未來動向的一大半因素；能準確掌握和處理資訊，就能適時地調整實施工作計畫，從而在目標行進過程中，能向前邁出一大步；沒有資訊盲目行動，只能是前進一小步，甚至倒退。

因此，想想怎麼搜集資訊，需要哪些資訊，比思考如何賺錢更為重要。一個隻想著如何賺錢而又拒絕資訊的人就像井底之蛙一樣，永遠只滿足於現狀，而不能實現自己更遠大的人生目標。

有這樣一個笑話：

有三個人要被關進監獄三年，監獄長同意滿足他們每人一個願望。法國人喜歡美女，要了 10 個美女；俄羅斯人喜歡喝酒，要了 50 箱伏特加；而猶太人說，他要一部與外界溝通的電話。

三年過後，法國人第一個走出來，他的身體已累垮了，變得憔悴不堪。接著出來的是俄羅斯人，由於飲酒過多，他得了肝硬化，酒精中毒，一副弱不禁風的樣子。

最後出來的是猶太人，他緊緊握住監獄長的手說：「這三

年來我每天與外界聯繫以獲得我需要的資訊，我的生意不但沒有停滯反而成長了 5 倍。為了表示感謝，我送你一輛豪華汽車！」

這個笑話告訴我們，我們要時刻掌握資訊，善於運用資訊，了解最新的情況，從而能更好的創造自己的未來。

不論是什麼資訊，也不管它有多大的價值，如果不能消化吸收，加以有效運用，那永遠只能算是一堆廢物，對於你的成功將毫無幫助。還有，你所搜集的資訊不見得都是有用的正確的，如果不保持清醒，不懂得如何分辨和取捨，那很難保證你不會受到模糊資訊的干擾，或者一不小心就走向了錯誤的道路。

所以，要使資訊發揮效力，就得充分地整合資訊，正確地分析模糊資訊，然後加以有效運用，訂立計畫，切實行動，這樣才不會出現「吃撐了脹氣」或者「吃壞了拉肚子」的情況。

■「踏實」並不代表缺少競爭意識

「踏實」並不代表缺乏競爭意識，因為一個做到真正踏實的人對於競爭已做好了充分的準備。他對自己提出了更高的要求，除了以踏實做事為基礎，他還要主動去競爭、去爭取摺疊生命更高的機會。

很顯然，社會競爭日益激烈，要想在社會中站穩腳跟。全心全意、盡職盡責是不夠的，還應該比自己分內的工作多做一點，比別人期待的更多一點，如此可以吸引更多的注意，給自我的提升創造更多的機會。

也許，你沒有義務要做自己職責範圍以外的事，但是你也可以選擇自願去做，以驅策自己快速前進。積極主動是一種極珍貴、備受看重的素養，它能使人變得更加敏捷，更加積極。無論你是管理者，還是普通職員，「每天多做一點」的工作態度能使你從競爭中脫穎而出。你的主管、委託人和顧客會關注你、信賴你，從而給你更多的機會。

你只有把自己摺疊得更高、更顯眼，你才會引起別人的注意，你才能有機會展現自己。

你要學會主動去競爭，並多做一些分外的工作。也許你會認為做分外工作會占用時間，但是，你的行為會使你贏得良好的聲譽，並增加他人對你的需求。

下面這兩個年輕人的表現會對你產生一些影響的。

陳洪亮和高宇大學畢業後被分配到一間設計公司工作。兩人的工作能力都很強，在各自的研究領域中都是出類拔萃的人才。

然而，陳洪亮為人善於競爭。有一天，設計組裡的一位同事請陳洪亮幫忙修一臺設備，由於陳洪亮實在太忙，就

自己花錢從市場上買回一臺相同品牌的新設備，並把外殼弄得和要修理的那臺一樣，而把舊機器丟掉。雖然虧了幾百元，但卻贏得了同事們的好評，為自己的發展打下了堅實的基礎。

高宇卻是一個不懂競爭規則的人，不善於競爭。當公司為有較多貢獻的員工調漲薪資時，他認為自己調漲薪資是理所當然的；當設計組在待遇上照顧其他人時，高宇就以種種理由陷害對方，致使高層主管在很多事情上都避開他，心裡也和他產生了隔閡。果然，半年後的一次升遷機會給了陳洪亮，高宇此時後悔莫及。

可見，每個主管都希望自己的員工能主動工作，參與市場競爭。對於發號指令，啟動按鈕，才會行動的「機器人員工」，沒人會欣賞，更沒有哪個主管願意接受。就像故事中的高宇那樣，最後只會在職場競爭中被淘汰。

職場上競爭無處不在，無時不在，但是在競爭中要注意遵循一定的規則，比如在工作上要多做一點、人際關係要和諧。這樣你在人群中自然能順利地脫穎而出，你自然也是職場上的勝利者，因為你的表現已經向主管和同事們證明：你是最好的。

在腳踏實地的基礎上，你要增加自己的生命的厚度，就要主動出擊，養成主動多做一點的習慣，這主要是因為：

- ▼ 在建立了「每天多做一點的」的好習慣之後，與四周那些尚未養成這種習慣的人相比，你已經具有了優勢。這種習慣使你無論從事什麼行業，都會有更多的人主動和你取得業務上的聯繫。
- ▼ 如果你希望將自己的優勢得到充分的發揮，唯一的途徑就是在你的優勢工作上多做一點。相反，如果長期不發揮你的優勢，讓它養尊處優，其結果就是使它變得更虛弱甚至萎縮。

　　身處逆境而不放棄能夠激發自身的潛力，這是人生永恆不變的法則。如果你能比分內的工作多做一點，那麼，不僅能夠彰顯自己勤奮的美德，而且能發展一種超凡的技巧與能力，使自己具有更強大的生存力量，從而把自己的生命摺疊更高的厚度。

　　社會在發展，公司在成長，個人的職責範圍也隨之擴大。不要總是以「這不是我分內的工作」為由來逃避責任。當額外的工作分配到你頭上時，不妨視之為一種機遇。

　　如果不是你的工作，而你做了，這就是機會。有人曾經研究為什麼當機會來臨時我們無法確認，因為機會總是喬裝成「問題」的樣子。當主管交給你某個難題，也許正為你創造了一個珍貴的機會。對於一個優秀的員工而言，公司的部

門結構如何，誰該為此問題負責，誰應該具體完成這一任務，都不是最重要的，在他心目中唯一的想法就是如何將問題解決。只有這樣才能解決問題的根源，只有這樣才能有廣闊的發展空間。

每天多做一點，初衷也許並非為了獲得報酬，但往往獲得的更多。

一般人認為，忠實可靠、盡職盡責完成分配的任務就可以了，但這還遠遠不夠，尤其是對於那些剛剛踏入社會的年輕人來說更是如此。要想把自己的生命摺疊更厚，要想讓自己的人生鞦韆盪得更高，必須做得更多更好。

一開始我們也許從事祕書、會計和出納之類的事務性工作，難道我們要在這樣的職位上做一輩子嗎？成功者除了做好本職工作，還需要做一些額外的事情來培養自己的能力，引起人們的關注。這是對「踏實」做事的一種更深層次的認知。

最近市場上有一本暢銷書——《郵差弗雷德——從平凡到卓越》，書中的弗雷德身為一名普通的郵差，他擁有什麼資源呢？一套藍色的工作服，一個布袋，就這些！他走街串巷為人送信，口袋裡卻滿是想像。正是這些想像，使他能為顧客創造價值，這並沒有讓他多花一塊錢。他只是比大多數郵差多做一點點。

　　付出多少，得到多少，這是一個眾所周知的因果法則。也許你的投入無法立刻得到相應的回報，也不要氣餒，應該一如既往地多付出一點。回報可能會在不經意間，以出人意料的方式出現，它總會給你帶來驚喜。

　　對百萬富翁成功經驗的研究也反覆證明額外投入的回報原則，尤其是在這些人早期創業時，這條原則尤顯重要。當他們的努力和個人價值沒有得到主管的承認時，他們往往會選擇獨立創業，在這個過程中，早期的努力使其大受裨益。

　　每天多做一點點，就會為你增加一些競爭成本，隨著這種成本的增加，你對自己會更加自信。

■「踏實」並不等於單純的恭順忍讓

　　把你的生命摺疊 52 次，這需要有一種冒險精神。也許有人認為，這種看似簡單的重複動作有什麼危險呢？殊不知「高處不勝寒」，摺疊厚度越高，就越要有冒險的可能性。

　　在我們摺疊生命的過程中，你想達到太陽的高度，但是這其中有摔下來的可能，也有被太陽灼傷的可能。為了闖過風險，這需要我們用「踏實」做基礎。可見，「踏實」並不等於單純的恭順和忍讓，「踏實」意味著冒險的可能性更大。這是「踏實」的新含義。

　　所謂冒險就是：你抓住一個機會，希望把自己的生命厚

度摺疊更高，不管改變的是生活形態、你的性格或是人際關係。要增加生命厚度就要冒險；不然，沒有人敢盪鞦韆，也沒有人能更好地摺疊自己的生命。

所有的人，或多或少，都具有與生俱來的冒險特質。冒險，即使不怎麼驚天動地，對於鍛鍊人格也大有助益。人生不如意十常八九，平時刻意讓自己去應付一些難題，可以讓你預習如何去面對突發的狀況。如果你從不冒險一試，那你一生也不過隨波逐流，隨時會從人生的鞦韆上掉下來。

創造機會者通常不會貿然去冒風險，他們會衡量風險與利益的關係，確信利益大於風險，成功機會大於失敗機會時，才進行嘗試。

冒風險，就要預備付出失敗的代價，要做好付出代價的心理準備。約翰‧洛克斐勒就是這樣一個人。

美國南北戰爭前，時局動盪不安，各種令人不安的消息不斷傳來，戰爭的陰影籠罩著美國的大地。而約翰‧洛克斐勒卻在運用他的全部智慧思考怎樣利用這場戰爭。戰爭會使食品和資源缺乏，還會使交通中斷，使市場價格急劇波動。

洛克斐勒為自己的發現讚嘆不已，這不是一座金光燦爛的黃金屋嗎？走進去，洛克斐勒將會滿載而歸。那時的洛克斐勒僅有一個資金 4,000 美元的經紀公司，而且其中一半的資金屬於英國人莫里斯‧B‧克拉克（Maurice B. Clark）。此時

他對夥伴克拉克說：「南北戰爭就要爆發了，美國就要分成南北兩邊打起來了。」「打起來，打起來又怎麼樣呢？」克拉克一副迷迷糊糊的樣子。洛克斐勒胸有成竹地決定，「我們要向銀行借很多的錢，要購進南方的棉花、密西根的鐵礦石、賓州的煤……」克拉克非常驚訝：「你瘋了，現在這麼不景氣！」洛克斐勒嘲笑克拉克的無知，他說：「明年我們的目標是取得 3 倍的利潤。」他昂著頭，冷靜而又充滿自信。

就這樣，在沒有任何抵押品的情況下，洛克斐勒用他的想法打動了一家銀行的總裁漢迪先生，籌到了一筆資金。一切都如洛克斐勒預料的那樣。幾年以後，他們小小的經紀公司利潤已高達 1.7 萬美元，是預付資金的 4 倍。在第一筆生意結帳後僅僅兩週，南北戰爭爆發了，緊接著，農產品的價格又上升了好幾倍。洛克斐勒所有的貯備都帶來了巨額利潤，財富就像隨著戰爭的車輪滾動的雪球。等到美國南北戰爭結束，洛克斐勒已不再是個小小的穀物經紀人，而是腰纏萬貫的富翁，並開始染指石油工業。

洛克斐勒在風險中的決策是他事業的一個轉振點，他在後來的經營中，始終記住了這一要訣：機遇存在於動盪之中。

動盪越大，風險越大，機遇給予的成功指數也就愈大，有的人由於怕承擔風險，而任憑機遇與自己擦肩而過；有的人則以超人的膽略捕捉了它，從而獲得了巨大的成功。

　　有些人之所以不敢去冒險，主要是因為他們害怕改變。他們甚至將「改變」與「破壞」之間畫上等號。一般人對「改變」的反應如何？對於那些正處於重生轉捩點，並以新方向獲益良多的人們，毫無疑問地，他們喜歡改變。至於其他人，則拒絕任何改變，而將生命停滯在現階段。大多數人都不願意改變，但是在別無選擇的情況下，卻又不得不做些改變。如果再不求新、求變，就會被時代淘汰了！

　　以下是在善變的過程中冒險者生存的 9 項必備法則：

▼ **丟掉原有舊包袱**：如果過去那一套已經行不通了，就快點丟掉吧！到新世界中去尋找你的春天。想像新的人生對你的好處：你的行為、技能將因此增進；你會更有競爭力；人際關係也會變得更好。

▼ **保持開放的胸襟**：我們不需要將所有新的事物照單全收，但也別因為新事物與眾不同，就加以拒絕。不要先給新事物任何價值判斷，試試看再決定。

▼ **要有極大的耐心**：給新事物暖身、生效的機會。研究顯示：要打破舊習慣，並養成新習慣，平均需要三個星期的時間。

▼ **積極尋求他人的協助**：因為你對新事物不熟悉，可能無法在書上找到需要的資訊，所以，開口問人吧！就算找

不到預期的解答,也可從中獲得新的思考點,或許還可因此找到你所要的解決方案。

▼ **善於應變**:不要墨守成規,但也不要沉溺於行不通的新方法中。不斷地實踐,然後從錯誤中學習。今日的失敗,往往是明日成功的契機。

▼ **不要輕易放棄**:一時的停滯不前並不是失敗,只是暫時休息,放慢腳步而已。把它們視為另一階段的開始,而非結束。

▼ **發揮正面思考的威力**:如果連負面思考能帶來自我實現的鼓舞,那麼正面思考更能發揮這樣的功能。了解自己的優點,改善缺點,並獎勵自己的成就。

▼ **想像成功的遠景**:如此可幫助你從抗拒改變的舊習中掙脫出來,並有更多機會能了解新事物所帶來的益處,使其成為你冒險的指引明燈。

▼ **果斷採取行動**:與其認為:「這件事竟然發生在我身上。」不如換個想法:「這是一個可以嘗試新事物的大好機會。」假使新的方法行不通,再試試別的。盡量嘗試所有可能的方法,總會找到解決問題的辦法。

不管你是一個怎樣的人,必須牢記這 9 項冒險法則,然後才能把你的生命摺疊得更高。

■「踏實」為你贏得知識

踏實地學習能夠為你贏得寶貴的知識，只有擁有了更多的知識，機會到來時，才能夠更好地把握住。

知識就如涓涓細流，只有透過腳踏實地地不斷的累積，才能夠學識淵博。

荀子勸學中有這樣一段：「積土成山，風雨興焉；積水成淵，蛟龍生焉。積善成德，而神明自得，聖心備焉。故不積跬步，無以至千里；不積水流，無以成江海。騏驥一躍，不能十步；駑馬十駕，功在不舍。鍥而舍之，朽木不折；鍥而不捨，金石可鏤。」

荀子《勸學》的要義就在於勤奮，養成勤奮好學的良好習慣，對於我們每個人來講是非常重要的。只有勤而發奮，不斷地重複累積，你才會有更豐富的知識，你才能夠成為一個對社會有用的人。下面的故事正是說明了勤學的要義。

陳生和劉遠大學畢業後一起被某公司錄取，並有幸分到同一個科別。年輕人心高氣盛，誰也不甘落後。做了幾年，陳生的工作態度開始懈怠，他覺得，在公司只要不出大錯，慢慢熬下去，早晚都有成功之日，何必這麼積極進取呢。於是，他開始做一天和尚撞一天鐘，工作得過且過。

劉遠卻是一個好學上進的人，他不斷為自己充電：學外

第二章　盪鞦韆 5 大原理

語、學程式、學商貿、學管理……從早到晚，忙得不可開交。劉遠桌子上有一個瓶子，常常插著一朵鮮花，相當受到辦公室裡的女孩們青睞。陳生有幾次把這個「花瓶」放到自己的辦公桌上來，但沒幾天花就枯萎了，女孩們嘲笑他沒有上進心，花都被「鬱悶」死了。也怪，無精打采的花，再移到劉遠那裡，竟又奇蹟般的復活了。女孩們說，那是沐浴了劉遠那愛心的陽光。陳生當然不信，但思來想去，始終弄不懂劉遠這招絕妙的回春之術是怎麼一回事。

沒多久，公司進行改革，人員大幅度精簡，陳生一下子六神無主，身無所長，不知該投向何方。而劉遠則成了搶手貨，擁有英語、電腦、財會、經管等各種證照，有好幾家公司爭相聘用他。後來，劉遠決定去一家資訊公司，陳生繼續等待「留任」。道別時，陳生指著劉遠桌上的那瓶花說：「把它帶走吧！放在這裡肯定又枯萎啦。」

劉遠把花瓶端到陳生的辦公桌上，抽出那枝花，對陳生說：「其實道理很簡單，每天換水時，將最下面的花梗剪去一小截就可以了，因為花梗的一端在水裡容易腐爛，腐爛之後不能吸收水分，花便會枯萎和凋謝。」

陳生看著這瓶花，頓然醒悟，自己在水裡泡得太久了，怪不得無精打采。不過，既然找到了病根，現在剪除還來得及。第二天，陳生向主管報告，決定去攻讀碩士班，很快得

到了首肯。臨行前，陳生鄭重地帶走了這瓶花。

由此可見，想要獲得成功的機會就要透過勤奮學習來獲取知識。可以說，每個人都是在學習中成長起來的。學習早已是人們的一種習慣了。無論是在職場中，還是在學校裡都需要我們去學習新知識、新技能。

學習的概念很寬泛，現而今當人們一提到學習時，很快就會想到書本、課堂、學校，其實，這些只是局限於書本知識的學習和掌握，也只能說是學習的一個方面。社會是個大課堂，要想不斷豐富自己的知識和閱歷，就要在社會這個大課堂中學習與豐富。

學無止境。要知道學問的汲取絕非一朝一夕的功夫，不管是人類已有知識的博大精深，還是新學問的滔滔來勢，要想學有所成，就必須有一個良好的學習習慣。學習成了習慣，每天都會增加新知識，如此日積月累，你的學識就是一筆無形的財富。

知識的海洋是無比寬闊的，我們暢遊在知識的海洋中，只有用知識來滋潤我們的心田，我們才會成長壯大。要知道，用知識武裝起來的人才是最強大的。

「路漫漫其修遠兮，吾將上下而求索。」讓我們在人生求索的路上努力進取吧！在學習中增加知識和才能，把自己的生命摺疊更厚。

■ 「踏實」是一種明智的態度

在我們的人生中，想要選擇促進成功的機會，不可否認會有失敗的可能。因此，面對人生目標需有我們有一種明智的態度。而新含義的「踏實」並不代表我們看到每件事都去做，踏實做事是要我們選擇合適的機會、合適的目標專注去做，不合適的就放棄，這是踏實做事的一種明智態度。

人生本就有得有失，我們只能朝一個方向前進，而不能同時朝好幾個方向走。面臨人生重要關卡時，你必須看準、想好了。否則，過多的選擇只會增加人生鞦韆的負重。所以，聰明人總是在得失之間及時抉擇，把一切不利於自己的東西都拋開。

世界級著名男高音歌唱家帕華洛帝（Luciano Pavarotti）在選擇人生方向時也曾面臨著人生的岔道口。

盧恰諾‧帕華洛帝在一所師範院校上學時，其家鄉義大利摩德納市專業歌手曾收他為徒弟。畢業時，帕華洛帝問他父親：「我該怎麼辦？是當教師還是成為一個歌唱家？」他父親回答道：「盧恰諾，如果你想同時坐兩把椅子，你只會掉到兩把椅子中間的地上，在生活中，你應該選定一把椅子。」後來，帕華洛帝回顧成功之路時說：「我選擇對了，我忍住了失敗的痛苦，終於成功了。現在我的看法是：不論是砌磚工

人，還是作家，不管我們選擇何種職業，都應有一種獻身精神，堅持不懈是關鍵的，但重要的選擇是前提。」

面臨選擇，你不可能魚和熊掌兼得，除非天下人的智慧和運氣都集中到你一個人身上。想多坐幾把椅子，結果往往是一把也坐不成，只有真正理解得失之間的自然規律的人，才能擁有精彩的人生。

任何人若要在某個領域有所作為，必定要在其他領域裡顯得笨手笨腳。如果你想把鞦韆盪得很高，就需要把身上多餘的東西去掉。否則，什麼都想留著，最後得到的只會在原地擺動。同理，在成就事業方面，我們只有喪失不必要的部分，才能真正獲得嶄新的部分。

很多時候，我們並非不曾努力，而是精力過於分散，志趣不專。今天，我們大家應深刻體會這樣一個道理，那就是：為學立業勿忘專。

要想擁有一個精彩的人生，應體悟到，生命中的得失是必然的，人不可能只有得沒有失，也不會只要失而沒有得。惟有這樣的體悟，才能衝破層層迷霧，開啟新的人生。

明知得不到的東西，何必苦苦相求，明知做不到的事，何必硬撐著去做呢？所以說放棄就是量力而行。

有時你以為得到了某些東西時，可能失去了更多；有時你以為失去了不少，卻有可能獲得許多。不以得喜，不以失

悲。盡自己最大的努力去做，你已經盡力了，就不用管它花開花落，雲卷雲舒了。

美國幽默大師彼得‧卡波蒂（Peter Capaldi）說了這樣一個有趣的故事：他曾經和女友做了一個小測驗，說如果同時丟了三樣東西：錢包、鑰匙、電話本，最可惜哪一樣？女友毫不猶豫地選擇了電話本，而他毫不猶豫地選擇了鑰匙。答案說，女友是個懷舊的人，他是一個現實的人。後來他們分手了，女友的確被過去糾纏得不快樂，一段大學時代未果的愛情至今還讓她念念不忘，而愛情中的他早已為人夫，為人父了。女友的心停在了過去，一直後悔當初那麼輕易就放棄了。他問她：「還可以挽回嗎？」她搖搖頭。他說：「那為什麼不放棄？」她無奈地說：「放棄不了。」他說：「其實你是不想放棄。」

人的情感就是這樣，總是希望有所得，以為擁有的東西越多，自己就會越快樂。這種人之常情就迫使你沿著追尋獲得的路走下去。可是，有一天，你忽然驚覺：你的憂鬱、無聊、困惑、無奈、一切不快樂，都和你有太多的奢望無關，你之所以不快樂，是你渴望擁有的東西太多了，或者，太執著了，不知不覺，你就陷入了欲望的泥潭中而無法自拔。

假如，你愛上了一個人，而她卻不愛你，你的世界就微縮在對她的感情上了。有時候，你明明知道那不是你的，卻

想去強求，或可能出於盲目自信，或過於相信精誠所至、金石為開，結果不斷地努力，卻遭遇不斷的挫折，弄得自己苦不堪言。世界上有很多事，不是我們努力就能實現的，有的靠緣分，有的靠機遇，不是自己的不強求，無法得到的就放棄。

懂得放棄才有快樂，背著包袱盪鞦韆是永遠也盪不高的。好了，我們可以得出這樣一個結論：放棄是一種解脫，放棄是一種釋重。

人生苦短，踏實做事是我們應該遵循的明智態度，要想使自己的人生鞦韆盪得越高，就得放棄越多。那些什麼都不放棄的人，是不可能獲得他們想要的東西的，其結果必然是對自身生命的最大的放棄，讓自己的一生永遠也達不到成功的高度。

原理 4

鞦韆會從高處滑落到低處，就像人生中一些不可迴避的事情，或許是個錯誤。每一次都要鼓起勇氣從最低處堅持著走出來，沒有一次次的低谷，換不來更高處的優美風景。

從上面的原理中，我們可以看出，「踏實」並不是護身符，並不可以與錯誤困難絕緣。每個人都會犯錯誤，但是要

第二章　盪鞦韆 5 大原理

從錯誤中學習，而不是一味地摔跟頭。並非跟頭摔得越多，成長得越快。

英特爾公司（Intel Corporation）正是因為沒有認知到這一點，才使自己遭受了重大的損失。

1994 年英特爾公司剛推出新的奔騰晶片（Pentium）不久，就在公司實施的一次可靠度測試中發現晶片在進行複雜的除法運算時會得出錯誤的答案，只是這種錯誤平均在每 90 億次除法運算中才出現一次。英特爾研究認為，這種錯誤是極其不可能發生的，如果對全部有缺陷的產品進行回收，公司將損失數千萬美元。為此，英特爾公司採取了守口如瓶、絕不對外公開這一錯誤的做法。

奔騰晶片的瑕疵在當年 10 月還是被一個數學家在進行複雜運算時發現了，但英特爾充耳不聞。人們在網路上不斷發出質疑，這時，英特爾依然不願從根本上採取對策、承擔後果，而是拒絕為大多數 —— 他們認為不需要的使用者，更換晶片。這種歧視令大眾憤怒不已。

不久，新聞媒體也加入了對英特爾的討伐，事態的發展令英特爾目瞪口呆。更糟的是，英特爾最重要的合作夥伴 IBM 為了對使用者負責，拒絕使用英特爾晶片。股票下跌，社會討伐，英特爾面臨著巨大的危機。最終，他們不得不做出一個痛苦的決定，為所有願意更換的使用者無條件更換問

題晶片。這使英特爾為此付出了近 5 億美元的代價。

錯上加錯，一錯再錯，讓英特爾付出了慘重的代價。當我們面臨自己的錯誤時，首先做的就是應該立即承認，並加以承擔，只有這樣，我們才能獲得他人的理解與信任，才能把我們的損失減輕到最小處。

在現實生活中，錯誤是不可避免的。如果不能避免就要勇敢正視它，從中吸取經驗，如果下次再遇到這樣的錯誤，你的警覺性一定會告訴你：你上次犯了這樣的錯誤。這對於你是一個有利的提醒。

有時，錯誤就好像病毒，就像生病一樣，病毒在讓你生病的同時，也會提高自身的免疫力。而且，醫學報告顯示，那些發生病變的器官比正常的器官更具有抵抗力。這也正像犯錯誤。能夠避免犯錯誤的人是聰明人，能夠避免類似錯誤的人也是聰明人。

無論是在自然界，還是在動物園，大象幾乎是以站立、行走或者奔跑的姿態示人。但是牠也會生病。這種時候，大象也要保持站立的姿態。為什麼？大象的巨大體重決定了這一切。如果一旦牠倒下來，巨大的內臟會互相擠壓，再加上本身的重量，將會使自身受到更大的傷害。所以，除非到了生命的終結，大象是不會倒下的。請你也堅持正視錯誤，或許 1 秒鐘之後，柳暗花明。

如果犯錯誤是埋下一粒種子；堅持下去、正視自我是修枝剪葉、改正錯誤；在錯誤中學習、得到經驗才是美味果實。

■ 摺錯了怎麼辦

在你不斷摺疊自己生命的過程中，你可能會受各種因素的影響，摺錯了你的方向；也可能是方法錯了，摺疊不出一定的高度，這是我們每個人的人生中不可迴避的事情，或許是一些困難，或許是一些錯誤。我們要學會從中吸取經驗，減少摺錯的次數。

全無足赤，人無完人。人生在世，誰能難免犯下這樣或那樣的錯誤，就連愛因斯坦都宣稱，他的錯誤占 90％，我們普通人就更不用說了。

我們應該記住這句話：「不管是多麼嚴重的錯誤，都會有迴旋的餘地，說不定就在千鈞一髮的時候，我們可以挽回，甚至可以彌補。」

當別人犯了錯誤時，我們總是希望他們能夠承認並且加以改正。可是一遇到自己的身上，很多人就會犯嘀咕：難道要我承認我不如別人？於是很多時候，人們不願意承認自己的錯誤。這就造成了人與人之間的交往障礙，因為每個人都堅持自己是對的，而觀點有時確實是對立的，於是留下了埋怨、不滿和爭執，甚至影響彼此之間的交往。

因此，你必須正視錯誤，勇於承認自己的錯誤而放棄自己的意見，反而會把你的生命摺疊更高。讓我們來看看艾倫是怎麼做的吧！

艾倫是芝加哥一家木材公司的推銷員，多少年來，他總是直接指出那些木材檢驗人員的錯誤，並和檢驗員爭論，他雖在口舌上獲勝，卻使公司損失了成千上萬的金錢，因此，他決定改變技巧，不再衝動了。

他這樣描述自己轉變後的情況：

「有一天早晨，我接到了一位雇主的電話，他很憤怒。他說我們運去的一車木材完全不合乎規格。他的公司已經下令停止卸貨，請我們立刻安排把木材搬回去。」

「聽完他在電話裡的敘述後，我立刻動身到對方的工廠去。途中，我一直在尋找解決問題的最佳辦法。我到了工廠，發現主任和檢驗員悶悶不樂，一副等著吵架的姿態。我們走到卸貨的卡車前，我要求他們繼續卸貨，讓我看看情形如何，我請檢驗員繼續把不合格的木料挑出來，把合格的放到另一邊。」

「經過我們認真觀察，我才知道，原來他的檢查太嚴格，而且也把檢驗規則弄錯了。那批木料是白松，雖然我知道那位檢驗員對硬木的知識很豐富，但檢驗白松卻經驗不足。白松碰巧是我內行的，但我該對檢驗員評定白松的方式

提出反對意見嗎？不行。我繼續觀察，慢慢的開始問他某些木料不合乎標準的理由何在。我沒有暗示他檢查錯了，而是以一種非常友好而合作的語氣請教他，並且堅持要他把不滿意的部分挑出來，這使他高興起來，於是我們之間的緊張的氣氛開始緩和了。」

「沒多久，他的整個態度改變了。最後他坦白承認，他對白松木的經驗不多，並且向我詢問車上搬下來的白松板的問題。我就對他解釋為什麼那些松板都合乎檢驗規格。而且仍然堅持，如果他還認為不合用，我們不勉強他收下。他終於到了每挑出一塊不合用的木材，就有愧疚感的地步，最後他發現，錯誤在於他們自己沒有明確指出所需要的是什麼等級。」

「最後的結果是，他重新把卸下的木料檢查一遍，全部接受，於是我們收到一張全額支票。」

從艾倫的這件事來說，運用一點小技巧，以及盡量遏止自己點出別人的錯誤，就讓公司獲得了一大筆金錢，而我們所獲得的客戶的信任，則是用金錢無法衡量的。

很多時候，人們總是把犯錯誤看作是某種失敗，不願面對失敗與不肯承認失敗同樣糟糕，其實，若能把失敗當成人生必修的功課，你會發現，失敗都會給你帶來些意想不到的結果！

　　沒有人喜歡失敗，因為失敗大多是一些痛苦的經驗，甚至讓你的人生受到重創。不過，一生順利未曾犯過錯誤，未嘗過失敗滋味的人，恐怕是少之又少。每個人或多或少都經歷過失敗，只是程度輕重的差別而已。但是有一點要強調的是，我們要從失敗中學習經驗，而不是一味地摔跟頭。

　　我們對於自己的主張或行為，常常喜歡抱著「絕不改變」的態度。當然，如果你的主張或行為，確實是毫無錯誤的，你抱著這種態度，可以說是有益無害。但是大千世界，有幾個人敢擔保他的主張或行為毫無差錯的呢？

　　因此，當你預備堅持任何事情時，最好先仔細想想你的堅持，是否因為你確有毫無瑕疵的理由？還是因為你只是在「維護你那脆弱的自尊心」而已？如果你經過仔細思量後，發現自己確有後者的動機夾雜在內，那麼請放棄你的堅持，因為它最易使人喪失理智，你的堅持既以它作為出發點，你所能獲得的唯一結果，只能是給人一種盡情攻擊的機會，而自己卻成了一個毫無反抗能力的木偶。

　　當你的生命摺錯了的時候，你應該勇於正視事實存在的錯誤，勇敢去改正它，不要任它消極地擺布你；你應該具有糾正錯誤的權力，因為你的生命掌控在你的手裡。

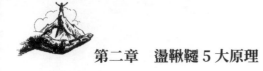

■ 試錯的過程

「踏實」不是繞彎避開錯誤，因為每個人都可能犯錯誤，問題是我們要在不斷地試錯過程中吸取經驗，不斷地走向更高的地方。

達爾文在演化論中指出：「如果有誰能夠證明存在著任何一樣不可能經由為數眾多的、逐漸的、輕微的改動而形成的複雜器官，那麼我的理論將被推翻。」從世界上第一個單細胞生物到現代的人，每一步進化都是試錯過程的結果。這也就是所謂物競天擇，適者生存。

大自然的汰換過程極為漫長，相比之下人類的歷史顯得極其短暫。人類與自然一樣也沒有預知天賦，所以我們的行為同樣充滿汰換過程。但是人類的試錯過程更加敏捷、更有效率。自然的汰換過程是「達爾文式」的，是無意識的；而人類的試錯過程是「拉馬克式」的，是有意識的。比如說各種社會制度，改革和起義，等等。

為此，科學家做過這樣一個實驗：把幾隻蜜蜂和蒼蠅放進一個平放的玻璃瓶裡，使瓶底對著光亮處，瓶口對著暗處。結果，有目標地朝著光亮拚命掙扎的蜜蜂最終衰竭而死，而無目的地亂竄的蒼蠅竟都溜出細口瓶頸逃生。是什麼葬送了蜜蜂？是牠對既定方向的執著，是牠對趨光性這一規

則的遵循。

當今企業面臨的最大挑戰是經營環境的模糊性與不確定性。在高科技企業，哪怕只預測幾個月後的技術趨勢都是件浪費時間的徒勞之舉。就像蜜蜂或蒼蠅一樣，企業經常面臨一個像玻璃瓶那樣的不可思議的環境。

這個實驗告訴我們，在充滿不確定性的經營環境中，企業需要的不是朝著既定方向的執著努力，而是在隨機淘汰的過程中尋求生路；不是對規則的遵循，而是對規則的突破。

對於個體而言，試錯的行為是同樣有效。當一個人剛剛來到這個世界的時候，幾乎什麼都不懂。但這並不妨礙他嘗試著在這個世界上活動。他一定會做錯很多事情，但就是這個過程使他長大：嬰兒會嘗試著走路，一次又一次摔倒，終於知道了怎樣走路是不行的，從而慢慢地學會了走路；嬰兒也不會講話，但是經過一次又一次只有他自己才聽得懂的咿咿呀呀，終於學會了正確的發音方法……

可見，沒有人能夠代替小孩的各種學習和實踐，只有試錯過程才能教會他許多東西。比如：跟一個嬰兒說千萬不要從床上往下跳，但是如果他自己真的摔下來了，下次他就不會再從高處往下跳。

對於小孩子來說，試錯的過程可能在很大程度上受到家長和學校的引導和幫助；而對於一個成人來說，試錯過程，

就完全是他自己的事情了。大人可以合法地吸煙、喝酒、看限制級影片、結婚等等。只要他願意，他可以嘗試著做很多事情。在大多數情況下，他需要對自己的嘗試負全責。

透過不斷地試錯過程，有的人找到了正確的道路，有的人沒有。重要的不是不犯錯誤，而是不犯同樣的錯誤。能夠避免錯誤的人是聰明人，能夠避免類似錯誤的人也是聰明人。

毋庸置疑，試錯過程帶來了許多經驗，就像科學實驗裡經常使用的控制變數的方法，那些經驗都是在類似的環境條件下取得的，所以便於分析總結。本地人於是在競爭中經常具有一點優勢。這就不難理解很多跨國公司早就開始了雇員本土化的戰略。

在我們長大成人之前一直居住的地方，被稱之為故鄉。如果從故鄉來到一個陌生的地方，那就難免要重新適應。以往的經驗有局限性，不是放之四海皆準，所以在完全適應之前，難免感到迷茫。既然沒有以前的經驗可以參照，就必須從頭開始試錯過程。

最後，還要提醒我們一點，那就是這種過程並非是越漫長越好，你必須從中正視錯誤，及時反醒自己，避免再去犯類似的錯誤。

■ 試錯的規則

年輕人在選擇職業時，往往對於事物起初的了解不是十分透徹，當自己進入一個行業中，卻發現自己並不適合在這裡工作，他會因選錯了方向而在尋找其他的方向，他會透過這種不斷地試錯行為來糾正自己的方向。

美國著名心理學家認為：「早期選擇不能永遠決定未來的職業生涯。形成一種成熟的職業觀是一連串複雜的社會心理過程，貫穿於整個求職期。大多數人的確在 17 至 29 歲之間做過第一次嚴肅的選擇，然而，這只是對興趣和價值觀的一種初步確定，他們還需要更多的時間和更多的選擇過程重新在許多興趣中分出真偽，找到合乎其興趣的職業。」

在選擇職業的時候，每個人都必須多次選擇才能最終找到適合自己的職業。但是，這樣不能成為我們不負責任、隨性而為的藉口。人生與實驗室的試驗不同，是不可逆轉的，而且每一次選擇對未來都會產生不可逆轉的影響。雖然「失敗是成功之母」，但失敗並非越多，成長就會越快。

我們還要注意，如果選擇的方向不正確，再多的試錯過程都是徒勞的。一個內向的人如果想成為成功的銷售員，會有更多失敗的磨礪；一個沒有天賦的貝只手可能嘗試過無數錯誤和失敗，還是難以望見成功的契機。

　　下面的故事會給我們一些反思。

　　葉雲峰大學畢業後到一家私人企業就職，熬了半年，就跳槽去了一家外商製造公司，收入比原本高。但他不喜歡工廠，因為整日在工廠裡工作，很少與外界接觸，想著自己一輩子就這樣日復一日做同樣的工作，他實在是不甘心。

　　這時，葉雲峰的好朋友開了市場研究公司，他對市場研究很感興趣，認為自己也應該做得好。於是就在朋友這家市場研究公司從事專案規劃和進行市場調查，做起來還算得心應手。不久，在與一家廣告公司的合作中，他發現做廣告也很有趣，而且業務的範圍比市場研究公司更寬廣，於是他到一家廣告公司就職，隔年又轉職到另一家廣告公司。

　　在接下來的 3 年裡，葉雲峰總共在 6 家廣告公司任職過，期間擔任客服主任、企劃總監、副總經理。在每家公司，葉雲峰都感覺不受重用，自己的企劃水準在廣告界不是數一數二、應該也是一流的，但是，感覺很有水準的企劃方案，經常不是被主管所篡改、就是得不到客戶的認可。

　　葉雲峰決定自己開廣告公司，這樣能夠實現自己的想法和創意。剛開始公司發展還不錯，到後期業務拓展越來越困難，虧損了幾十萬元，最後不得不停業。

　　葉雲峰又不得不去找工作。找了 3 個多月，終於找到一家著名的房地產企劃代理公司擔任行銷企劃。但不久，他發

現，這些做房地產企劃的人其實還不如廣告公司的人了解企劃，他們只懂得誇大其辭的炒作，自己的企劃水準遠高於他們，但與開發商、主管、銷售部門的協調卻相當困難。做滿3個月，葉雲峰就離開了那家公司。

現在，葉雲峰又面臨著找工作，再找什麼工作呢？做過幾個行業，還是覺得市場研究行業最適合自己。但面試過幾個市場研究公司，有些覺得自己年紀大，無法適應市場研究的工作壓力；有些認為葉雲峰資歷不足，客戶關係資源又很少，不適合負責整個專案。

就這樣，堂堂一個明星學校的大學生、十幾年的工作經驗，連找一個普通的工作都很困難，葉雲峰自己也很苦惱：「每當受到打擊時，我就對自己說，『我的選擇也許又錯了，我不適合這個行業。我必須調整，否則就荒廢了時間。』於是，又匆匆忙忙地跳到另外一個行業。但是至今我都無法確定自己適合做什麼工作。」

可見，當「試錯」成為一種心理慣性時，就很難從失敗中獲得經驗了，相反，卻會成為一個自我逃避的藉口，這是對新含義「踏實」的一種破壞。

在沒有達到工業化時代之前，年輕人一旦拜師學藝，就可能終身從事某一行業，無從選擇。現代流行的觀點認為，年輕人應該有更多的職業經驗。但是這卻走向另外一個極

端：盲目選擇。許多人力資源管理學家認為，一個人一生中調整 7 次職業都是可以接受的，超過個限度會對職業生涯造成不利的影響。

　　儘管職業的發展對個人的知識和經驗提出了更高的要求，但是，這並不意味著一定要透過頻繁轉換職業來獲得。「試錯」不過是獲得職業經驗的一種方式，而且必須遵循以下規則才有意義：

　　第一，「試錯」的過程開始得越早，越容易獲得成功。

　　第二，每次選擇都必須指向一個正確的方向，如方向錯了，再多的摺疊都是徒勞無功的。

　　第三，「試錯」的意義在於我們永遠無法做出最正確的選擇，因此必須從錯誤中獲得經驗。

　　了解了試錯的原則，對於我們今後選擇什麼樣的職業有著很重要的作用。從這幾個原則中，我們要盡快對自己目前的處境有一個大致的了解，突破以往的盲目行為，讓我們的人生鞦韆盡快盪起來。

■ 跳蚤實驗

　　科學家們做過這樣一個有趣的實驗：

　　他們把跳蚤放在一個玻璃杯裡，跳蚤會迅速跳出來，跳起高度都在其身高的 100 倍以上，堪稱世界上跳得最高的動

物！把跳蚤再放入玻璃杯中，然後在玻璃杯上罩一個玻璃罩，再讓牠跳，這一次跳蚤碰到了玻璃罩。連續多次後，跳蚤改變了起跳高度以適應環境，每次跳躍總保持在罩頂以下高度。

接下來逐漸改變玻璃罩的高度，跳蚤便在碰壁後主動改變跳的高度。最後，跳蚤再也不去撞擊玻璃罩了。科學家於是把玻璃罩打開，跳蚤仍然按原來的那個高度起跳，可憐的跳蚤已變成「爬蚤」了。

跳蚤變成「爬蚤」，並非牠已喪失了跳躍的能力，而是由於一次次受挫學乖了，習慣了，麻木了。最可悲之處就在於，實際上的玻璃罩已經不存在了，牠卻連「再跳高一次」的勇氣都沒有了。玻璃罩已經罩在了潛意識裡，罩在心靈上。行動的欲望和潛能被自己扼殺。科學家們把這種現象叫做「自我設限」。

在我們摺疊自己生命的同時，我們每個人都會犯一些錯誤，都會遇到一些挫折。關鍵是我們如何正確地對待這些挫折。我們如果像跳蚤那樣「自我設限」，遇到了挫折就放棄了前進的勇氣，那麼我們永遠也領略不到人生鞦韆高處的美景。我們就會像下面故事中的人物一樣。

李志鵬在談起自己的職場經歷時，有些無奈和落寞。

「大學畢業那年，憑藉外語系的學歷，以及優異的表現，我終於進入一家知名的電信公司，擔任實習翻譯。公司

把我調派到一個陌生的城市，壓力重重的工作競爭，對親友戀人的強烈思念……一切都讓我難以適應。下了班，我就打電話給父母、戀人，似乎無盡的傾訴才能使我繼續在這樣的生活環境中堅持下去。」

「不到一個月，電話費讓我有些捉襟見肘。這時，我就偷偷地使用公司的電話。最後，公司察覺了，結果我失去這份人人羨慕、前途無量的工作，從開始到結束，只有兩個多月的時間。回家後我打算複習迎考研究所，但考試成績的公布讓我再次嘗到苦澀的滋味。沒辦法，我又應聘一家私人公司的翻譯。雖然報酬不高，好歹也是一份工作，我做得也很努力，難度高的資料別人不願翻譯，我主動接下；別人不願意陪的客戶，我去陪；出差、加班，別人不願意做的，我都二話不說去做。」

「可是我的表現沒人讚賞，反而換來各種猜忌和傳聞：有的說我恃才傲物，愛出風頭；有的說我和主管套交情，野心勃勃想取代公關部經理的位置；最可恨是居然有人洩我的底，說『要不是因為偷打電話被 ×× 電信公司踢出來，他這樣的明星學校高材生會到我們這種小公司裡來嗎？』」

「就這樣，主管漸漸地對我不理不睬，重要的談判、技術資料都和我無緣。顧不得父母的再三相勸，看夠了他們的狹隘和勢利，這一次我主動選擇了離開。」

「在家半年，大學好友阿勝和我聯繫。他辭去工作，建立了自己的翻譯工作室：『反正你也是閒在家，不如到公司來幫我的忙。』工作的這段時間我認識了潔瑜，一個典型的『月光女孩』──為了買到快樂，不惜每個月都花光薪水的女孩。她教我如何盡情享受，那是我從未體驗過的另一種生活方式，令人不由自主沉醉。漸漸地，我無法按時交出譯稿；甚至有一次，我把霜淇淋和農藥的配方資料混淆了交給客戶⋯⋯」

「阿勝開始常常對我發火，我在他的咆哮聲裡沉默。我接到的工作項目越來越少。我和他之間越來越不像朋友，他更像一個對下屬『恨鐵不成鋼』的主管。我失去了快樂，也因此更加痛苦。我承認我的惰性很強，阿勝並沒有犯錯。不過，我已經習慣這種慵懶的生活。於是我離開了翻譯工作室，成為流浪一族。」

在我們生活的周圍，很多人的遭遇與李志鵬極為相似。遭受太多的批評、打擊和挫折，於是奮發向上的熱忱、欲望被自我壓抑、封殺、喪失了信心和勇氣，漸漸養成了懦弱、狹隘、自卑、孤僻、害怕承擔責任、不思進取、不敢奮鬥的精神面貌。

事實上，他們在給自己設限。一個人如果不能正確了解自己，他們永遠也達不到成功的高度。

「我能不能達到這個高度？我能不能成功？能有多大的成功？」這一切問題的答案，並不需要等到事實結果的出現，而只要看看剛開始每個人對這些問題是如何思考的，就會知道答案了。

一個人在自己的生活經歷和社會遭遇中，如何了解自我，如何描繪自我形象，對他自己有很大的影響。也就是說，你認為自己是個什麼樣的人，你就會成為什麼樣的人。成功或失敗，將在很大程度上取決於你對自己的了解上。

德國哲學家尼采曾把他的全部哲學歸結為一句話：「成為你自己！」這句話倒不失其真知灼見。人生的成功與期望緊密相連。一個對自己失去期望且對自己設限的人，永遠不會成功。

■ 問題並不是你想像那麼嚴重

美國著名的演講家萊斯‧布朗（Les Brown）提醒我們：「為了達到自己都無法揣摩的境界，你必須先從錯誤當中找出自己所未知的東西。」

對於大多數人來說，犯錯會讓人覺得無地自容、痛苦不堪，而且會耗費許多的時間。其實，問題並不是你想像的那麼嚴重。如果你已經很久沒有犯錯，那麼這很可能表示你的學習已經停滯不前，而且你的好奇心也可能已經消失殆盡，

也有可能表示你已經安於自己的「舒適圈」，不願意多做改變。這表示你的人生鞦韆盪得可能太低，而且錯失了許多能夠更上一層樓的機會，這是很危險的現象；其實，這種現象才是最嚴重的錯誤。

有時候，錯誤就像是一種學習的工具；它有可能是你達不到人生高度的痛苦來源，但是它也有可能幫你們從這些錯誤當中找到自己的方向。錯誤就好像是大家避之惟恐不及的朋友，誰想要跟一個總是犯錯的朋友混在一起？不過這個朋友卻能夠幫助你找出自己真正擅長的領域。正如一位名人曾經這樣說「傑出和平庸之間的差別往往在於個人如何看待錯誤」。

因此，我們要對自己的錯誤有一個全新的認知。讓我們來看看下面兩個例子：

瓊斯度假的時候喜歡待在飯店頂樓晒日光浴，她在晒日光浴的時候，總是把眼鏡拿掉，以免臉上晒得不均勻。剛開始，她還穿著比基尼泳衣，過了幾天之後，她心想反正頂樓也沒有人會看見，因此她把泳衣也脫了，乾脆晒全身的日光浴。她剛剛躺到舒服的位置，就聽到有人在樓梯上跑的聲音。她的姿勢是俯臥，所以身上只有一條毛巾蓋在屁股上頭。

「打擾一下，小姐，」跑得渾身是汗的飯店經理對她說，「你可以在頂樓晒日光浴，我們不介意，不過麻煩你穿上泳衣。」

第二章　盪鞦韆 5 大原理

「我是不是違反了什麼規定？真對不起。」瓊斯回答說。

「不是這樣的，」飯店經理回答說，「只是你躺的地方正好是飯廳的天窗。」

天啊！此時的瓊斯尷尬極了。

這裡還有一個令人捧腹的錯誤：

有個人趁著妻子不在家的時候油漆浴室的馬桶蓋，漆完之後。他感覺很累，於是他躺在床上睡著了。

恰好此時，他的妻子提前回來了；而且一到家就直衝進浴室上廁所。她一坐下去，屁股就黏在馬桶上，當然，她感到驚慌失措而且十分惱怒。她把丈夫叫來幫忙，丈夫最後的辦法是拿大衣罩在她身上，然後連人帶馬桶蓋一起帶到醫生那裡。

到了醫院後，這對夫婦迅速衝進醫生的診間，丈夫掀起大衣，問醫生有沒有見過這樣的東西。「有是有，」醫生回答說，「不過從來沒見過黏在屁股上的。」

與以上這兩個大失顏面的錯誤例子相比，你現在所犯的錯誤看起來並沒有想像中的那麼嚴重吧！最重要的是，你可以在看過這兩個例子之後會學到一些東西，最重要是保持幽默感。

正如美國著名喜劇演員歌蒂‧韓（Goldie Hawn）所說：「你在笑過自己的錯誤之後，就可以繼續前進。幽默感能夠

打破心靈的藩籬，能夠令人們開放心胸。如果你很在行的話，你可以用一些正面的東西來填補這個缺口，說不定你能夠戰勝這個世界上的醜惡。」

由此可見，無論說錯話還是做錯事情，或許其本身沒有看起來那麼嚴重。一位著名作家這樣說：「真正會造成傷害的不是錯誤本身；我們為了掩飾過錯而裝腔作態才具有真正的殺傷力。」

■ 挫折增強你的免疫力

在我們周圍，有很多人遇到工作中的危機或犯錯誤時，往往變得消沉，或許說出「我完蛋了！」之類的喪氣話，而否定自己的未來。

而真正善於摺疊生命的人卻與此剛好相反，他們越是這樣的時候，越要把發生的一切事情向積極的方向去設想，在危機中找出轉機並走向成功。他們知道，挫折能夠增強人的免疫力。

任何人在成功的道路上都要遭受阻礙，關鍵是你能否在工作上重新定位，重新審視你的優勢。「一扇窗關閉了，另一扇窗為我開啟」、「這條路不適合我去，所以上帝指示我向另外一條路前進」。

在現實生活中，許多走向失敗的人，每逢工作上的挫折

時總是武斷地認為「我是個百無一能的廢物」，而不去積極
開啟就在眼前的一扇新窗子，開發自己無限可能性的機會其
實就在眼前，結果卻錯失良機。因此，走向失敗的人，其實
是因為喪失了一個又一個的機會，故而他的生命厚度永遠不
會成長。

　　有時候，無論你怎麼做也未能如願地進入某一理想學校
或公司，即使這樣也不必失望。這個時候，需要你進行正向
思考。

　　在竭盡全力奮鬥之後卻仍舊不能如願以償時，應該這樣
想：「上天告訴我『你轉入另外一條發展道路上，一定能取
得成功』」；因為家庭的原因而不得不改變自己的發展方向
時，也是一樣，運用正向思考；「原來是這樣，自己一直認
為這是很適合自己的事，不過，一定還有比這個更適合自己
的事。」應該認為另外一條新的道路已展現在你的眼前了。
不要失望，不要氣餒，振作起來！沿著這條新的道路去摺疊
好自己的人生。

　　一般情況下，人在遭遇危機時，人們只使用著全部能力
的百分之幾，而絞盡腦汁地思謀對策，會調動出平時未使用
的潛能。因此，越是在大危機的情況下，越會產生出其不
意、克敵制勝的高招。

　　如果你能改變你的思考方式，就會發現將自己逼入死胡

同的危機或挫折，正是發揮一個人潛能的最佳時期。擁有逆向思考的人會把危機變成機遇，並且獲得比以前更高的高度。

■ 跌倒了，爬起來

電臺播報員莎莉‧拉斐爾（Sally Lowenthal）在她的 30 年職業生涯中，曾遭辭退 18 次，可是每次挫敗後她都把自己的生命摺疊得更高。

最初由於美國的無線電臺認為女性無法吸引聽眾，沒有一家肯聘請她。她好不容易在紐約的一家電臺找到工作，不久又遭辭退，說她跟不上時代的步伐。莎莉並沒有因此而灰心喪氣。她總結了失敗的教訓後，又向全國公共廣播電臺推銷她的談話性節目構想。電臺勉強答應了，但提出要她在主持政治節目。「我對政治所知不多，恐怕很難成功。」她也一度猶豫，但堅定的信心促使她去大膽地嘗試了。她對廣播早已駕輕就熟，於是她利用自己的長處和平易近人的作風，大膽暢言，還請聽眾打電話來暢談他們的感受。聽眾立刻對這個節目產生興趣，她也因此而一舉成名了。

如今，莎莉‧拉斐爾已經成為自辦電視節目的主持人，曾經兩度獲獎，在美國、加拿大和英國每天都有 800 萬觀眾收看這個節目。她說：「我遭人辭退了 18 次，本來大有可能

被這些遭遇所嚇退，做不成我想做的事情，結果相反，我讓挫折鞭策我勇往直前。」

許多人要是沒有遇到逆境，就不會發現自己真正的強項。他們若不遇到極大的挫折，不遇到對他們生命巨大的打擊，就不知道怎樣煥發自己內部貯藏的力量。要知道，跌倒不算失敗，跌倒了站不起來，才是失敗。

年輕的歌星周杰倫，就是經歷了許多挫折，從一名餐廳服務生成長為家喻戶曉的當紅小天王的。他在接受美國《時代雜誌》專訪時說：「明星夢並不是遙不可及的，其實任何人都可以做，只要你肯努力。我之所以有今天，就是永不服輸的結果。」是呀！一個人不想做退卻的懦夫，就應該像蝸牛那樣，一步一步地爬。如果你一直追求下去，那麼天下的事還有什麼做不成的呢？

因此，要看出一個人的品格，最好是看他遇到逆境以後怎樣行動。因為，失敗是一種挑戰，也是一種測試，在一個人喪失了很多東西與條件的情況下，內在的力量到底有多大？沒有勇氣奮鬥的、自我放棄的人，那麼他的目標，就會離他越來越遠。而那些毫不畏懼、勇往直前、永不放棄人生目標的人，才會把自己的人生鞦韆盪得更高。

對於這樣的人來說，無論成功是多麼遙遠，失敗的次數是多麼多，最後的勝利仍然在他的期待之中。他們失敗了再

站起來，沮喪而又不怕挫折，抱著不屈不撓的無畏精神，向前奮進，最終獲得了成功。

世間真正偉大的人，對於世間所謂的種種成敗，並不介意，所謂「不以物喜，不以己悲」。這種人無論面對多麼大的失望，絕不失去鎮靜，這樣的人終能獲得最後的勝利。

同樣，在現實生活中，我們也會有跌倒的時候。但是不管怎樣，無論你因為什麼跌倒了，跌得如何，一定要記住：爬起來！這是因為：

▼ 「跌倒」並不代表永遠不起，但你先得爬起來，才能繼續和他人競逐，躺在地上是不會有任何機會的，所以你一定要爬起來。

▼ 意志可以改變一切，跌倒之後忍痛爬起來，這是對自己意志的磨練，有了如鋼的意志，便不怕下次「可能」還會跌倒了。因此，為了你以後漫長的人生道路，你一定要爬起來。

▼ 如果你因為跌重了而不想爬，那麼不但沒有人會來扶你，而且你還會成為人們唾棄的對象。如果你忍著痛苦要爬起來，遲早會得到別人的協助；如果你喪失「爬起來」的意志與勇氣，當然不會有人來幫助你，因此，你一定要爬起來。

▼ 有時候人的跌倒，心理上的感受與實際受到傷害的程度不一樣，因此你一定要爬起來，這樣你才會知道，事實上你完全可以應付這次的跌倒，也就是說，知道自己的能力何在，如果自認起不來，那只會埋沒自己的才華。

總之，跌倒了就一定要爬起來，並且最好能以全新的形象站立起來。就算爬起來又倒了下去，至少也是個勇者。但絕不會被人當成弱者。

人們對於跌倒的人總會說：「在哪裡跌倒，就在哪裡爬起來。」其實不然，你完全可以在別的地方站起來。因為，你可能走的是一條不能發揮你的專長，不符合你的性格的路，如果是這樣，為什麼不能在別的地方爬起來呢？

事實上，有不少成功人士都做過很多事，最後才找到適合自己的行業。因此，跌倒不僅要爬起來，而且還要善於爬起來，這才是我們摺疊人生厚度的有效方法。

■ 失敗是盪向更高的開始

在人生之路上，你可曾沮喪消沉？遭遇嚴重挫折？或為自己所犯的錯誤過分自責？你可曾勞而無獲？你這一生中可曾發生個人悲劇？你可曾因疾病或受傷而造成殘障？你是否因為希望破滅而心情沉重？是否冒險犯難，結果徹底失敗？

在你的人生鞦韆不斷擺動過程中，免不了要承受一些挫

折、失敗，但是這些失敗最終會過去，你要學會克服這些困難去增加自己生命的厚度。

你要記住：失敗是你邁向更高的開始。因為失敗正如冒險和勝利一般，是生命中必然具備的一部分。偉大的成功通常都是在無數次的痛苦失敗之後才得到的。

一個人容易失敗的主要原因就是自身的消極心態。你可能了解一些事實和普遍的規律。你可能懂得其中的許多東西，但是未能把它們應用於特殊的需求。你可能不懂得如何能應用、控制或協調已知和未知的力量。

面對這種情況，著名的心理學家威廉‧詹姆斯（William James）指出，要使一個人真正努力確實很困難。他以「疲乏的第一層面」的說法來解釋。通常人經過短暫的努力之後會感到很疲倦，然後我們會想到半途而廢。但是，上帝所賦予人的巨大精神力量絕不僅於此，只要再努力一點，就可以多獲取一些能量，就像汽車的加速器一樣，只要我們用力踩下去，便會產生巨大的衝力。

只要我們多督促自己一些，便會發現自己潛藏著無限精力。我們很少推動自己穿透疲乏的層面，發掘更多隱藏的潛力。真正去推動自己，必會得到驚人的效果。

克服困難的第一個重要步驟是全身心地投入。事實上，每個人很少將所有的心力發揮出來，特別是所有的精神潛

第二章　盪鞦韆 5 大原理

力。同時每個人也必須承認，自己很少全力以赴地去解決問題。通常只有在遭逢重大困難時才被迫如此。如果你嘗試著用全部心力去應付困難，你會對自身所達到的高度感到驚訝。

「一次一次盪高你的人生鞦韆吧！」這就是嘗試的含義。這意味著，一直堅持下去，直到問題解決為止。找到問題，努力嘗試，再找出問題，堅持不懈，最終能戰勝挫折。

所以，倘若你遇到挫折，就需要多次嘗試。那樣你會發現自己心中蘊藏著巨大能量。許多人之所以遭受挫折只是因為未能竭盡所能卻嘗試，而這些努力正是成功的必備條件。仔細查看列出的遭受挫折清單，觀察檢討看看，過去你是否已竭盡所能去爭取勝利？如果答案是否定的話，試試這項嘗試的法則，然後多試幾次，結果一定會讓你意想不到。

克服困難的第二個重要步驟是學會積極思考。積極思考的力量是驚人的，任何失敗均能透過積極思考來解決，你能以正向思考來解決任何問題。如果去想，去認真思考，就有可能在短時間內，抓住問題核心，然後全力解決好它，並盡力做好。

因此，你要將消極思想所帶來的灰塵汙垢去掉，每天都以清醒的頭腦去思考新的一天，這種智慧、清新的思想將會讓你享受工作帶來的樂趣。享受工作樂趣，便是展望未來的成功，遺忘過去的失敗。把錯誤和失敗當作是學習的方法，

154

然後就將它們逐出腦外。

生活中，有些人的做法往往恰好相反。他們回想過去的失敗，忘卻往日所有的成就，以致摧毀自信心。他們不但記住失敗的情景，還情緒化地將它深植在心中。從未成功的人總是為每一次失敗自責不已。另一方面，雖遭遇挫折但仍喜愛工作的人卻能了解過去犯了多少錯誤並不重要，重要的是能不能從每一次失敗中汲取教訓，以便在下一次能有較好的表現。

我們應將失敗生活中其他不利因素當作修正方向、再度瞄準目標的工具，並將失敗轉化為動力，其方法是：

▼ 分析失敗的過程和原因。重擬計畫，採取必要對策，以求改正。

▼ 誠懇而客觀地審視周遭情勢。不要歸咎別人，而應反觀自己。

▼ 在重做嘗試之前，想像自己圓滿地處理工作或妥善地應付客戶的情景。

▼ 把足以打擊自信心的失敗記憶全部埋藏起來。它們現在已經變成你未來成功的動力，讓它們推動你重新出發。

你可能必須再三試行這四個步驟，然後才能如願達成目標。你的人生鞦韆每盪高一次，你就能夠增加一次高度，也許是很小的高度，但是你的目標逐漸被拉近了。

原理 5

　　鞦韆每一次盪起來，都會定下一個將要達到的高度作為目標，達到夢想的高度，你會更開心！

　　摺紙，不是為了一遍遍的簡單重複，而是要達到一定的厚度，這個厚度也就是你人生的高度。腳踏實地不僅僅是為了一步步地前進，而是不斷地實現目標，進一步創造目標。

　　西元 1950 年世界著名游泳愛好者弗洛倫斯·查德威克（Florence Chadwick）成功橫渡了英吉利海峽。兩年後，她要從卡特琳娜島游向加利福尼亞海灘，她想再創一項世界紀錄。

　　經過了 16 個小時的行進，當她游近加利福尼亞海岸時，嘴唇已凍得發紫，全身一陣陣地發抖。遠方，霧氣茫茫，使她難以辨認伴隨著她的小艇以及前方不遠的終點。最後，她選擇了放棄，上岸後她告訴記者說，如果當時她能看到陸地，她就一定能堅持游到終點。大霧阻止了她奪取最後勝利的行程。但是，事實上妨礙她成功的不是大霧而是她內心的疑惑。是她自己讓大霧擋住了視線，迷惑了心，先是對自己失去了信心，然後才被大霧給俘虜了。

　　兩個月後，查德威克又向這項紀錄發起了挑戰，天氣與上次一樣的惡劣，但這次她堅持著，她知道陸地就在前方；她奮力向前游，因為陸地存在她的心中，她終於成功了。

　　查德威克終於明白目標的重要性。她不僅確立了目標，並對目標充滿信心。

　　「踏實」並意味著盲目。人們經常會停滯在離成功還有一點點距離的地方，但是那個地方依然叫做失敗。幾乎成功並不等於成功本身，這多半是因為他們的目標是很模糊的，介於某兩者之間的，搖擺不定的。一個清晰的目標，是不會讓人輕易放棄的。

　　假如你有的只是一個很長遠的計畫，那麼不妨用長跑中經常使用的「分段法」。也就是說，把很長的距離分成幾個小段，每一段都有一個標幟性的事物，可以是一份圖紙的完成，也可以是一份報告的擬訂，哪怕僅僅是生活中的一個有意義的細節，也會在成功路上留下足跡。

　　「踏實」並不意味著呆板和統一，它需要創新和主動出擊來配合。

　　如果 1,000 個人一字排開，你希望被人認識，怎麼辦？你也許會說，「向前一步走，勇敢地跨出隊伍！」那麼，如果你和 100 人從 1 萬公尺的高空一起跳傘，想被一眼就能辨別出來，你會選擇什麼顏色的降落傘？紅色、綠色還是橙色？

　　要知道 1 萬公尺的高空，淺綠和明藍沒有任何區別。而紅色、橙色這樣鮮豔奪目的顏色你能保證不會和其人相同嗎？為什麼不大膽地選擇其他與眾不同的顏色？

可見，「踏實」還需要有一種獨闢蹊徑的精神。問問你自己，你會選擇什麼顏色的降落傘？

當目標實現的時候，你要把目標向前提，你必須把生命的厚度繼續再到摺疊一個新的高度。

■ 摺紙，是為了達到一個高度

摺紙，不是單純地重複，而是為了達到一定的高度，這個高度就是我們人生必須追逐的目標。一個人的目標就是他曾經的志向表白。

法蘭西民族的英雄夏爾‧戴高樂曾說：「非偉人不能成就大業，偉人之所以偉大，是因為他們立意要成為偉人。」

人生的成功，不論是大是小，不論是早是晚，其實顯示我們曾經立下過怎樣的志向。我們一事無成，那是在說我們不曾立志；我們小有所成，那是在說我們雖曾立志、但卻不夠宏偉；我們成就了一番大事業，那是在說我們曾經立下過高遠的志向。成功不過是我們早年志向的表白。

一個人的志向是隨著努力而不斷變化的。如果不努力，不是經常試著激發自己的志向，它就會永遠顯現不出而變得模糊不清。一個人的能力如果不加鍛鍊，就會生疏而失去力量。人們不能指望自己的志向在經歷過許多怠惰、消極的念頭之後，還能保持新鮮和活力。正如愛默生所言：「我所需要

的,是有個人逼著我去做我所能做的事情。」

世界上許多成功的人物,他們與常人最大的不同,就在於比較好地發揮了自己的才能,做了自己所能夠做的事情。當代世界首富、美國微軟公司前總裁比爾蓋茲所以成就了世人所不能夠成就的事業,就在於此。

在中學時代,蓋茲剛剛接觸電腦的時候,還沒有後來的宏偉藍圖和遠大志向,他也想像不到自己在 10 多年的時間裡會以驚人的速度創造 600 多億美元的財產,成為世界首富,更想不到他今天對人類所創造的價值。蓋茲的遠大志向以及後來一切一切的實現,都是在他不斷的努力下,再加上環境的影響而發生的。

創業開始,蓋茲領導的微軟公司曾經發表過這樣的宣言:我們要做到(世界上)每一間屋子、每一張書桌都有電腦,而每一臺電腦都裝有微軟的軟體。現在,舊口號又改成了一個新的口號:「以優秀的軟體賦予人們力量,在任何地方,任何時候,任何設備上。」這兩句宣言看起來沒有太大的差別,但其內涵卻發生了很大變化,前者說的是微軟要占領全球市場的每一個角落;後者說的是微軟要以世界上先進的科技惠澤人類,推動社會的發展。這就是蓋茲遠大志向的進步和變化。

誠然,我們也許不可能成就像蓋茲一樣的事業,但我們

可以擁有自己遠大的志向。可惜的是，在當今這個社會，到
處都可以見到那些年過半百依然胸無大志的人，他們只是發
掘了自己潛能的很小一部分，他們的許多才能還處在蟄伏的
狀態中。但他們從來不試著激發自己的潛能，未來的成功就
這樣白白地從他們身邊溜走了。

　　拿破崙·希爾所說：「不管你想做什麼事，只要你想做，
就會成功；不管你想成為什麼樣的人，只要你想，就是什麼
樣的人。你現在可以做任何事情，首先要有志向，然後努力
工作，終有實現志向的一天。」

　　俗話說：種瓜得瓜，種豆得豆，把我們的志向「種」在
我們的腦海裡，我們「種」的是什麼志向，那麼我們的將來
也就會是什麼樣子。所以說，我們若想成功，就一定要儘早
地立下遠大的志向，把它「種」到我們的腦海裡，並要經常
「澆水」、「施肥」，總有一天，我們的志向肯定會開花結果
的。那麼，志向是怎樣引領人們走向成功的呢？

　　首先，它是我們人生的目的地，我們會矢志不渝地向這
個目的地前進。有了明確的目的地，就有了方向，也就可以
心無旁騖，就會在自己的優勢目標上大展身手了。

　　其次，它是標杆，我們可以時時處處用它來來衡量我們的
努力和進步是否夠大夠快。有了標杆，我們就無從拖延偷懶，
就不會在點滴的成績面前昏頭，我們會更加大踏步地前進。

　　每個人對自己的定位和志向有別，為這個志向所做出的努力的方向和程度也不盡相同。有了偉大的志向，然後才能判定用什麼樣的方法和多大程度的努力可以實現這個目標。雖說「工欲善其事，必先利其器」，至少我們應該先確定「欲善」的是何事，才可能去打造相應的「其器」。

　　知道自己要什麼，同時也就知道哪些東西不是自己最想要的 —— 這些東西不是不好，只不過不是自己最想得到的罷了。只有得到了自己立誓要爭取到的東西，才會感到滿足與內心的寧靜，才會對自己的成功感到欣慰和滿意。

　　成功是志向的表白，只有那些立定志向，並多少年如一日堅持追求的人，才會取得成功。

　　偉大的志向是成功的起點，也是成功的一半。這是一個偉大的、堅定的起點，我們身邊每天都有人在從這裡出發，去追求自己的夢想。

■ 態度問題：幾乎成功並不等於成功

　　態度真是產生極大差異的「小」事情。常常會因為芝麻小的事情而造成樂觀或悲觀、成功或失敗、勝利或挫折。

　　在生活中，如果時鐘差 4 小時，並不會出什麼問題，因為人們都知道那時鐘有問題並自動修正它。可是如果你的摺紙只差一次，是遠遠達不到你想要的高度的。

在追求成功的過程中,即使每天都在進步,然而,前面那漫長的「50 次」因無法達到結果,常常令人難以忍受。人們通常只對「第 51 次」與「第 52 次」的結果感興趣,卻不願忍受漫長的成功過程而在「第 50 次」就放棄。

因此,你一定記住:只摺疊 50 次是遠遠達不到成功的厚度的。

在你一生中,成功與失敗的差別往往很小,快樂與不快樂,成交或錯過一筆生意,勝利者與一般人,其間的差別也很小,但是勝利者與一般人的生命厚度卻有很大的差異。

西元 1974 年肯塔基賽馬(Kentucky Derby)中獲勝的第一名騎師得到 27,000 美元。2 秒鐘後第四名到達終點卻僅得到 30 美元。不管這是否公平,這都是生活的遊戲。我們無法改變遊戲的規則,能做的就是學好規則,盡最大的努力玩遊戲。

幾乎成功不等於成功。你差一次摺疊也是無法達到生命的厚度的。幾乎去旅行是沒有什麼樂趣可言的。在生命的遊戲中,「幾乎」做出的任何事情都是沒有實際效果的。成功,不折不扣的成功,才能帶來實際效果。

讓我們來分析下面這個設計師的故事。

陳楠是一位 26 歲的創業者,辦公室就設在家裡。她對建築一直抱持濃厚的興趣,由於她對現代傢俱裝潢具有獨到的

領悟力，加上擁有巧妙運用空間的能力，使得她在這方面的
智識日漸豐富，而在市場上相當受到顧客的歡迎。

在開始的前幾年，她主要都是替朋友設計，通常是那些
剛剛取得一些成就的年輕夫婦，他們在城市買下了公寓請她
設計。「做他們的生意很容易，」她很愉快地說：「我們總是
能在預算及格調上達成協議。」

雖然應付早期的這些客戶一直沒什麼問題，但也幾乎毫
無收入可言。「我需要一些年紀較大，也較富有的客戶。」
她說，她的丈夫是一位平面設計師，主要收入來自替一家大
電腦製造商設計技術手冊，以及替出版公司設計書的封面。
「我們生活絕不成問題，」陳楠說：「但是替那些有大房子的
有錢人做設計，才是最賺錢的。」

不久，由於客戶滿意，口耳相傳，因此訂單多了，工作
也多了。「我現在手上有兩件大設計。」她在這行做了快 8
年時很興奮地說。但當這兩筆工作完成之後，接下來就沒有
其他工作了。事實上，曾經有半年，她沒有事做。「這就是
這個行業瘋狂的特色，」她說：「不是大豐收，就是大饑荒。」
我們不曾見她這麼沮喪過。

直至即將邁入 35 歲時，她才開始較具野心。她個人認
為，內心那股對藝術的衝動，迫使她開始尋覓其他抒發自己
情緒的方法。

事實上她一直對家庭裝潢用的織品質料與織法很感興趣。然而，到了她 38 ～ 39 歲和 40 歲出頭時，那已成為她發揮創作天賦的主要途徑了。如果陳楠是在一家大公司做事的話，她就會注意到自己這麼做的嚴重性。而現在那似乎對她而言只是原先工作的延伸而已。為了深入了解針織工廠以及編織工廠的作業情形，她親自走訪了當地小紡織廠，並和一家公司簽訂了合作契約。

　　然而，要設計出一套暢銷的布料並不容易，不但要對流行的趨勢和市場的需求有清楚的了解，合理的價格也是很重要的。雖然紡織廠的技術人員提供了多方面的協助，這一套布料設計還是失敗了。技術人員做的成品雖然完全符合她的設計，但卻不符合消費者的需求。然而她仍然堅持自己的意見。

　　隨著殘酷的銷售結果，她不再那麼自負了。她同意公司按銷售量提成付給她權利金，而不是以買斷方式一筆付清，但陳楠始終未得分文。「賣不出去並不是我的錯。」她告訴工廠主管。主管悻悻然地回答道：「對，我想錯在我自己，我是罪有應得。請你並沒花什麼錢，所以你的設計也只值這麼一點。」

　　經過這件事之後，她的聲譽也越來越糟糕，舊日的客戶紛紛指責她不可靠，使得她的生意日漸冷清。為了使自己能

生存下去,她開始加入各種的婦女團體,希望能使自己和一個需要室內設計技術的生活圈「相結合」。

在這個生活圈,雖然她確實交到了新朋友,然而帶來的生意卻很零散,賺得的錢大部分也都花到會費、服飾以及餐費上了。她在 50 歲時說,當時她剛接下一位朋友的房屋設計案。「說不定會登上《建築文摘》,到那時,我就可以成名了。」結果,她還是一事無成。

拿這個例子來看,結論似乎是:像陳楠這樣自行創業的人,一直沒有一個清晰的目標,這輩子就注定不會成功了。

由此可見,幾乎成功不等於成功本身。要達到一定的高度,就要在心中有一個清晰明確的目標。

■ 「踏實」並不意味著盲目

一個真正能夠做到踏實的人,是絕不會盲目行事的,對於既定的目標,他會認真思考行事。

在我們現實生活中,許多人之所以不能把自己的生命摺疊到一定的高度,就是因為他們盲目行事,不善於思考;而真正能夠衝破人生難關的人都有一個良好的習慣:在做事之前,一定要決策正確。沒有正確的決策,等於已經走向了失敗!

決策決定行動的方向。那些善於摺疊生命高度的人,都是正確決策的操縱者。很顯然,要摺疊好自己生命的高度源

自於正確的決策，正確的決策源自於正確的判斷。人生中那些看似錯誤或痛苦的經驗，有時卻是最為寶貴的財產。在你綜觀全域、果斷決策的那一刻，你的人生便已經注定。兩者相爭勇者勝，成功者之所以成功，就在於他決策時的智慧與膽識，能夠排除錯誤之見。

正確的判斷是衝破人生難關者必須經常訓練的素養。為什麼呢？因為沒有正確的判斷，就會面臨更多的失敗和危急關頭。而在失敗和危急關頭保持冷靜是很重要的。有人面對危難，狂躁發怒；而成功者卻臨危不亂，沉著冷靜，理智地應對危局。在平常狀況下，大部分人都能控制自己，也能作正確的決定。但是，一旦事態緊急，他們就自亂腳步，而無法把持自己。

美國 NBA 著名籃球運動員麥可‧喬丹曾說：「當我步入球場時，不去想任何事。如果我在場外遇到麻煩，可以等比賽結束後再面對它，那時我的思路會更清晰，能夠找到更好的解決方法。這就像是一種療法，它能讓我得到放鬆，幫助我解決麻煩。」

保持冷靜的頭腦首先要相信自己的頭腦，不要由於缺乏必備的一些條件，就否定一個可能的觀念或構想。反之，你要執著於偉大的、值得為之奮鬥的構想，一一克服各種難題。

　　要把不可能化為可能，我們要有人力、財力與物力。就算你全都沒有，還是有可能一一弄到手的。只要你肯花全部的時間和精力去開拓人力與財力的資源，那麼對你而言，幾乎沒有事情是辦不到的。

　　在此列出一個遊戲，可幫助你強化積極性判斷，進而更了解自己。如下：

▼ 假設你一個人被困在蠻荒的孤島上，除了一支筆，身邊沒有任何東西。現在，你能用這支筆找到幾個生存之道？

　　舉例來說：

· 先使用筆頭刺死青蛙，或挖出蝸牛肉。

· 然後，如果你發現毒菇之類的植物，可利用它與原子筆做成吹箭，當作可殺死野獸的防身武器。

· 若發現一件棘手的事情 —— 食人族住在這孤島的另一邊。此時可先想辦法化妝成食人族的模樣，躲開他們正向著你揮動的尖利的矛。在逃亡中，你可利用筆桿，探測追趕者動靜。只要將筆桿的一端放在地面上，就可像聽診器一樣，聽到他們的腳步聲。

· 無論你如何往前跑，食人族的腳步還是比你快時，你可在他們越來越逼近時，跳入河中，把筆桿當作吸氣孔，並祈禱他們把筆桿看成竹子。

第二章　盪鞦韆 5 大原理

· 如果很不幸，明亮的藍色筆桿被食人族認出。結果你
　被他們從水中拉出，並像烤乳豬般地被捆在火架上。

但突然，酋長的女兒吃魚時不小心被魚刺哽住，幾乎無
法呼吸。這是你求生的轉機，你可以把原子筆當作手術
的工具。當酋長的女兒奇蹟似的得救後，為感謝你的救
命之恩，酋長決定讓你們兩個結婚，你的餘生就可過著
王侯般的生活（若你是女性，那麼，你解救的就是酋長
的兒子）。

▼ 原子筆的使用方法，至少有以上這 5 種，你可將其改寫
　或加寫。

▼ 現在，把此遊戲中的原子筆，以你的特別能力、才能代
　之，並作同樣的嘗試。你仍應先分成幾個部分，以能達
　成自己經濟上與生活形態的目標為原則。

從上面這些判斷遊戲中，你可以得到什麼收穫呢？應該
講，成大事者的判斷都是帶有個性化的，越是有個性化的判
斷越是有價值的。人生之所以失敗，常常是判斷的失敗，而
不是行動的失敗。成大事者在判斷上的突破，引導了他行為
上的成大事。

判斷的形式是多種多樣的，但是從反面判斷尤為重要。
我們通常提到兩種判斷的動力 —— 建設性的判斷動力和破壞

168

性的判斷動力。在這裡我們關注這樣一個問題：成大事者是如何運用這兩種判斷的動力的。

對潛意識來說，建設性的判斷動力和破壞性的判斷動力是沒有什麼兩樣的。我們經由判斷動力傳輸給潛意識的資料，它都照單全收，依旨行事。不論是勇氣、信心，還是恐懼所驅役的動力，潛意識都隨時接收，轉化為事實。

對於自己的否定形象，我們必須肯定正確使用之下的「否定判斷」，我們必須了解否定面，才能避開它們。正確利用這種「否定的判斷」，可以引導我們走向成大事之路，但有幾點必須注意：

▼ 對否定面的注意程度，只要足以使我們警覺到危險即可。

▼ 我們要認清否定面所代表的意思 —— 代表我們所不希望的東西，代表不會帶來真正幸福的東西。

▼ 我們要採取補救的行動，從成大事的機會裡找出取代它的正確因素。

這些行動可以及時引起一種自動的反射，而否定回饋，像是一種自動的控制器，它會幫助我們「避開」失敗，走向成大事之路。

一個試圖把自己的人生鞭韃盪高的人常常從反面去判斷

問題，去總結教訓，以便為下一次向更高的目標衝擊獲得經驗。

■「踏實」並不意味著呆板

很多人認為「踏實」是一種呆板的行為，其實新含義的「踏實」是要求我們在堅實的基礎上充分調動自己的創意。只有在踏實的基礎，創意才會跳動得越高。

創意是指某種創新性活動中特有的思考過程，具有多向性、變通性、批判性、直覺性等特徵，在創意萌芽階段，設想越是海闊天空越好。

一個人運用創意，就會找到盡可能多、可供選擇的解決問題的方法，當在考慮可能性最大的方法時，實際上也考慮了可能性最小的方法。一個善於思考的人，往往能夠透過事物紛繁複雜的表面現象，掌握規律，抓住本質，預見事物發展進程，揭示原因與結果；反之，想法膚淺的人，往往只看到事物的表面連繫與外部特徵，停留於表面現象，因而也就抓不到事物的本質和規律。

英國有一位工程師和一位邏輯學家，是無話不談的好友。一次，兩人相約參觀故宮。到故宮後，邏輯學家住進飯店，工程師則獨自徜徉在街頭，忽然耳邊傳來一位老婦人的叫賣聲：「賣貓啊！賣貓啊！」

　　工程師一看，在老婦人身旁放著一隻黑色的玩具貓，標價 500 元。工程師用手一舉貓，發現貓身很重，看起來似乎是用黑鐵鑄成的。不過，那一對貓眼則是珍珠做的。於是，工程師就對那位老婦人說：「我給你 300 元，只買下兩隻貓眼吧！」老婦人同意了。工程師高高興興地回到了飯店，對邏輯學家說：「我只花了 300 元竟然買下兩顆碩大的珍珠！」

　　邏輯學家聽完工程師的解釋後，忙跑到街上，給了老婦人 200 元，把貓買了回來。工程師見後，嘲笑道：「你呀！花 200 元買隻沒眼珠的鐵貓！」邏輯學家卻不聲不響地坐下來把玩這隻鐵貓，突然，他靈機一動，用小刀刮鐵貓的腳，當黑漆脫落後，露出的是黃燦燦的一道金色的印跡，他高興地大叫起來：「正如我所想，這貓是純金的！」

　　此時，邏輯學家轉過來嘲笑他說：「你雖然知識很淵博，但就是缺乏思考的藝術，分析和判斷事情不全面、深入。你應該好好想一想，貓的眼珠既然是珍珠做成，那貓的全身會是不值錢的黑鐵所鑄嗎？」

　　從這一例子我們會感悟到，創造性思考是要突破已有知識與經驗的局限，常常是在看來不合邏輯的地方發現隱藏的祕密，同時在很大程度上是以猜測和想像為基礎進行的一種思考活動。

　　誠然，創新必須以知識與經驗的累積為基礎，但並不是

第二章　盪靴鞻 5 大原理

說只有等知識經驗累積到自認為非常豐富的地步才能進入創造，知識經驗累積的程度也不完全與創新的能力成比例。在短暫的一生中，在一定知識累積的基礎上，只有早日進入創造，帶著創造中遇到的問題，再去有目的有範圍地挖掘自身的優勢，才能有所突破，有所成功。

　　一個人的創新靈感有時如火花閃現一樣，稍縱即逝。這種稍縱即逝的創造性想像與創造性思考的火花就是靈感。

　　著名的物理學家馬克斯‧普朗克（Max Planck）說：「每一種假說都是想像力發揮作用的產物，而想像力又是透過直覺發揮作用的，但直覺常常變成一個不可靠的同盟者，不管它在假說時如何不可或缺」。

　　在職業生涯中，各種人才在成長過程中都會出現這種情況，在發現問題或在解決問題時，可能出現突如其來的新想法、新觀念。善於及時捕捉這種創造想像與創造性思考的產物，把它迅速而準確地記錄下來，進行思考加工與實踐檢驗，可能獲得創造性活動的很有價值的成果，它使你的潛能會得到巨大的發揮。

　　創造性思考與一般思考的不同之處正是在於其具有新穎性、獨創性和突破性。它是人腦思考活動的高級層次，是智慧的昇華，是人腦智力發展的高級表現形態。

　　一位著名的作家曾說：「真正的藝術大師用自己的眼睛去

看別人看過的東西，在別人司空見慣的東西上能夠發現出美來。」這就說明了創造性思路的重要性。

■ 不要丟掉靈活變化的原則

一個要想增加生命的厚度，首先是要學習變通，但變通不是無原則的隨意行動，它必須是合理的，即合乎實際情況和客觀規律等方向，如果只是單純地堅持既定的方針，而不知變通，投入了大量精力，最終還是一事無成的，這個堅持即是無謂的執著，是不知變通的愚昧。

摺紙本身看似是一種簡單的重複，但是這種重複摺疊的意義已然在個人生命裡賦予了新的含義。這種重複不是無謂的執著，而是在變通中增加生命的厚度。

人生在世，要審慎地運用智慧，做最正確的判斷，選擇正確方向，同時別忘了及時檢視選擇的角度，適時調整。放掉無謂的錯誤，冷靜地用開放的心胸做正確抉擇。每次正確無誤的抉擇將使你達到一定的成功高度。

諾貝爾獎得主萊納斯‧鮑林諾（Linus Pauling）說過：「一個好的研究者知道應該發揮哪些構想，而哪些構想應該丟棄，否則，會浪費很多時間在差勁的構想上。」

在很多時候，由於種種原因，人們的目標和思考會使自己處於一個兩難的境地，這時，最明智的做法是窮則思變，

變則通，及時地抽身而退，去開闢其他研究專案，尋找新的優勢目標。

著名成功學大師戴爾‧卡內基（Dale Carnegie）曾經這樣總結自己的教訓：

「當我由密蘇里州的鄉下到紐約去的時候，我進了美國戲劇學院，希望能成為一名演員。我當時有一個自以為非常聰明的想法，一條到達成功的捷徑；這個想法非常簡單，也非常完美，所以我不懂得為什麼成千上萬充滿野心的人居然沒有發現這一點。這個想法是這樣的，我要去模仿當年那些有名的演員如何演戲，學會他們的優點，然後把每一個人的長處學下來，使自己成為集所有優點於一身的名演員。多麼愚蠢！多麼荒謬！我居然浪費了很多時間去模仿別人，最後終於明白，我必須維持本色，我不可能變成任何人。我對自己說，『你必須維持自己的特色，不論你的錯誤有多少，能力多麼有限，你也不可能變成別人。』於是我不再試著做其他所有人的綜合體，而卷起我的袖子來，做了一開始就該做的那件事：我寫了一本關於公開演說的教科書，完全以個人的經驗、觀察，以一個演說家和導師的身分來寫。」

卡內基取得了成功，是因為他終於確定了自己的社會角色，及時調整了自己的方向，從適合的角度來從事社會活動。

　　當你確定了目標以後，下一步便是鑑定自己的目標，或者說確定自己所希望達到的高度。如果你決心做一下改變，就必須考慮到改變後是什麼樣子；如果你決定解決某一問題，就必須考慮到解決中可能遇到的困難是什麼。當描述了理想的目標以後，你必須研究一下達到該目標所需的時間、財力、人力的花費是多少，你的選擇、途徑和方法只有經過檢驗，方能估量出目標的現實性。

　　你或許會發現自己的目標是可行的，否則，你就要量力而行，修改自己的目標。有許多滿懷雄心壯志的人毅力很堅強，但是由於不會進行新的嘗試，因而無法成功。請你堅持你的目標吧！不要猶豫不前，但也不能太生硬，不知變通。否則，就算你在追求人生的目標過程中再腳踏實地，日復一日只是單純的重複罷了。

　　成功者的祕訣往往是隨時檢視自己的選擇是否正確，然後合理性地調整目標，放棄無謂的固執，然後輕輕鬆鬆地走向目標。

　　當我們在工作和生活中現實的目標不符合客觀規律時，一定要知難而退，見好就收，不做無謂的犧牲，因為錯誤的決定，只能讓你南轅而北轍，離真理之路越來越遠，即使是付出百倍的艱辛，也很難獲得應有的成績。

　　在通往自己的理想目標的征途上，人生之路千萬條，要

想取得事業上的輝煌，向自己的目標進發，向更大的目標的挑戰，就必須大膽地多方位地探索、應用現代的思考方式，不盲從、不隨俗，在探索問題時，要對傳統思考方式中錯誤的、陳腐的東西進行捨棄，從全新的角度，去解決目標實施時所遇到的問題。

對於摺紙，如果我們有更新的方法來代替手工的方式，那麼增加它的厚度並不會太困難的。

■ 50 次的摺疊不足以讓你滿足

如果你只摺疊 50 次，就自以為達到了成功的高度，這是可笑的想法，你只有摺疊 51 次、52 次，才能達到太陽到地球距離或更遠的距離。

我們在工作、學習、生活上取得了一點成績時，千萬不要認為從此就可以鬆懈了。因為社會的環境在不斷的變化，人們的心態也在不斷的跟著轉變。雖然在剛開始的時候，一切都覺得很新鮮，但總有一天成績也會褪色，甚至變得毫無意義。

讓我們看看下面故事中的主角是怎麼做的吧！

李豔大學畢業後開始求職，歷經一個月都沒有找到合適的工作，她幾乎絕望了。這時，她聽一個朋友聊天，說起某個進出口公司正在招聘翻譯，李豔馬上覺得這是個機會。但

是她是中文系畢業，雖然英語水準不錯，畢竟沒有做過翻譯，再說她對進出口業務更是外行，心裡非常沒把握。「無論如何，應該試一試。」李豔想道，「這樣我才不會覺得遺憾。」

她去面試，公司因急於要人，所以雖然李豔專業度不足，還是決定聘用她。李豔非常開心，她認為這是人生的一個轉捩點。雖然薪資很低，但她不在乎。相反，她感謝公司給了她這樣一個機會。

公司要她第二天就上班，而且很多業務急須處理。李豔是帶著字典和外貿英語書去的。面對自己一竅不通的外貿業務和那些專業詞彙，李豔不知所措，她差點要打退堂鼓。但是她覺得就這樣放棄了，有點太丟臉了，而且自己並不是缺乏勇氣的人，別人能做到的事情，自己為什麼做不到呢。於是她決心要做出成果。

就這樣，她一邊工作一邊學習。每晚，她花許多時間研讀外貿英語、專業辭典和有關公司產品的資料。在公司，她虛心向老員工請教並廣為搜集產品的行情資訊。她的中英文信件越寫越快、越寫越好，主管不在的時候，她也能獨立應付了。大家都沒想到她進步這麼快，紛紛對她刮目相看。

李豔的業務水準大為提高，主管非常高興，凡是重要的客戶來時都帶她一起接洽。她跟著主管走遍了公司有業務往

來的廠家，對這一行越來越了解。不到半年，她已經成為主管最得力的助手了。

　　李豔覺得進出口業務最難的不是與客戶打交道，而是寫正確的報關單。該公司以前聘過幾個翻譯，總是在報關單的問題上碰壁。李豔迎接了這一挑戰。她讀了不少對外貿易的相關書籍，又把一張張報關單翻來覆去仔細查看。她發現之所以報關單出問題，一是格式問題，另外一個重要原因是未將信用狀看清楚，或者並未真正理解對方開來的信用狀，有時只因幾個介詞的誤解，便將發貨地點弄錯了。李豔找到了關鍵所在，從此報關單再未被打回過。

　　在這家公司做了一年，李豔做得有聲有色。但她並沒有因此而滿足。一次，她在一張報紙上，無意中看到一則成衣企業招聘翻譯的廣告，她決定去應聘。

　　去成衣企業面試過程很順利，主管很賞識李豔，試用期便給了她很高的薪水。這個成衣企業在全國有好幾家工廠，所有的產品全部出口。成衣對她來說又是個嶄新的開始，但她有了一年的進出口業務經驗，所以並不顯得外行。

　　在成衣廠認真的做了三年翻譯，李豔受到了許多外國大客戶的欣賞。一位客戶覺得與她合作非常愉快，建議她另立門戶。李豔經過考慮，終於跳出來自己開了一家成衣廠。回顧自己所走的路，她感到慶倖 —— 自己沒有因先前的成績而

滿足，透過自己的努力，她的生命厚度不斷得到增高。

現實生活中，很多人卻並不像故事中的李豔那樣，他們往往在取得初步成就後，就抱著「守成」的觀念，再也不肯進一步了。像這種人就會阻礙自己前進的道路，甚至壓抑其他人的成長。因此，眼前的小小成就只能讓你短暫的高興一下，切不可因此忘記了你的最終目標是什麼，甚至忘記了你自己。

不能滿足於小小成就，是因為：

▼ 如果不滿足目前的小小成績，就會充實自己，提升自己。上班的人也不忘繼續學習，做生意的不斷搜集資訊，強化企業實力，這些都是在創造機會、等待機會。

▼ 一個人不滿足於目前的成就，積極向高峰攀登，就能使自己的潛力得到充分的發揮。比如說，原本只能挑 60 公斤重擔的人，因為不斷的練習，進而突破極限，挑起 80 公斤甚至 100 公斤的重擔。因為一個人只要安於現狀，就失去了上進求變的動力，沒有動力，就無法付諸切實的行動。

如果我們想做成某件事，最佳時機一定是當我們目標明確、熱情勃發、鬥志昂揚的時候。人們不可能指望一個放任自己隨波逐流的年輕人有什麼大作為，因為他們往往是安於

現狀的。即使他們知道自己體內還有許多潛力可挖，也還是以各式各樣的方式白白浪費耗損，面對停滯不前的現狀他們還能不為所動、安之若素。也許他們總會有或多或少的收穫或成就，但他們永遠只能被眼前的小小成就蒙蔽了眼睛，看不到山外有山，人外有人。這些小成就成了他們可炫耀的本錢，卻不知人生還有更多偉大的目標等著去實現。

只有那些不滿足於現狀，渴望著點點滴滴的進步，時刻希望攀登上更高層次的人生境界，並願意為此挖掘自身全部潛能的年輕人，才有希望達到成功的高度。

很多人都是理想過於平庸，或者說跟他們的能力相比，他們的目標定的過於低調。試想一下，如果每個人都能比較容易達到自己的目標，實現自己的抱負，人們還有前進的動力嗎？你不可能指望一個總是回頭看的人能攀登上頂峰，人們的抱負必須略高於人們的能力。這就要求你不能滿足於眼前的小小成就。

你要記住：第 50 次摺疊只是達到了太陽和地球之間距離的一半，你要想達到更高，你必須做的是第 51 次摺疊，第 52 次摺疊……

■ 沒有遠見的人才是最窮的人

重複能夠創造成功，但是這種重複不是盲目的，它是有一定方向性和實效性的。如果只是橫衝直撞，那是毫無收穫可得的，同樣，一個沒有遠見的人才是最窮的人。

成大事者是具有遠見的人，因為只有把目標盯在遠處才能有大志向、大決心和大行動。

美國的華特‧迪士尼（Walt Disney）就是一個人極具遠見的成功人士。他想像出一個這樣的地方：那裡想像力比一切都重要，孩子們歡天喜地，全家人可以一起在新世界探險，小說中的人和故事在生活中出現，觸摸得到。這個遠見後來成為事實，首先在美國加州成立迪士尼主題樂園，後來又擴展到美國的另一個迪士尼公園，還有一個在日本、一個在法國。

沒有遠見的人只看到眼前的、摸得著的、手邊的東西。相反，有遠見的人心中裝著整個世界。遠見跟一個人的職業無關，他可以是從事任何職業的人。世界上最窮的人並非是身無分文者，而是沒有遠見的人。

同時，我們還要看到，遠見就跟正確的思考方式一樣，不是天生的，你也無須生來就具備看到機會和光明的未來的能力。遠見是一種可以培養出來的本領。我們要學會培養自

己具有遠見的本領，使自己的遠見變為現實，從而成就自己的大事。

下面的指導原則對你或許會有幫助。

分析你的實際情況

首先，實現遠見總得由確定這個遠見開始。對有些人來說這些實在是太容易了。因為他們似乎天生就有一種遠見卓識。而另一些人則需要經過長時間的考慮才能獲得這種本領。做大事之前，就必須確定你人生的遠見。你的遠見不能由別人給你。如果那不是你自己的遠見，你就不會有實現它的衝動與決心。遠見必須以你的才能、夢想、希望與熱忱為基礎，這樣才會對你產生非常積極的影響。

確定你的努力方向

將你自己的遠見變成現實不是那麼容易的事，這是一個過程，跟一次旅行十分相似。你決定去旅行之後，首先要做的事情之一，就是決定出發點。沒有這個出發點，就不可能規劃旅行路線和目的地。同時，你還要規劃行程並估算此行的費用。一般地說，你離自己的遠見越遠，所花的時間就越多，代價就越大。記住，實現自己的遠見是要付出代價的。

善於舍小利益取大目標

實現遠見是有代價的。為了實現你的遠見，就要做出犧牲，其中必然涉及到你其他的選擇。你不可能一面追求你的夢想，一面保留著其他的種種選擇。多種選擇是好事，可以提供機會。但對於想成就大事的人來說，有時他必須放棄種種小選擇來交換那個唯一的大目標。如果你不放棄那些小選擇，那麼你就永遠徘徊不前，更談不上成功了。

事實上，做大事是一次非常有挑戰性的人生抉擇。在你為自己的人生目標努力的時候，你成大事的可能性就越來越大。

■ 你的降落傘是與眾不同的

要想在 1 萬公尺的高空中被人一眼辨別出來，你的降落傘必須是與眾不同的顏色。同樣，你要想讓自己的人生鞦韆盪得更高，你必須有獨闢蹊徑的精神。一個人具有獨闢蹊徑的精神，對於摺疊自己生命的厚度是絕對有利的。

獨闢蹊徑的進取精神是指其具有獨特的眼光、敏銳的觀察力和預見力，想前人所不敢想，為前人所不敢為，大膽創新，去尋找新的天空，開拓新的領域的超人能力。

你想要獨闢蹊徑，你想要與眾不同，不僅要有勇於吃螃蟹的勇氣，而且還必須有堅忍不拔的毅力，不顧別人的阻撓

與嘲諷，鎖定了目標就要堅持走下去。一個成功的企業家是否具有「見別人之未見，行別人之未行」的創業精神，與其事業的成敗休戚相關。

　　法國著名美容品製造商伊夫‧黎雪（Yves Rocher）就是這樣一個人。

　　起初，伊夫‧黎雪是靠經營花卉起家的。他曾對花卉抱有極大的興趣，經營著一家自己的花卉店，一個偶然的機會，他從一位醫生那裡得到了一種專治痔瘡的特效藥膏祕方。他對這個祕方產生了濃厚的興趣。他想：如果能把花卉的香味深入這種藥膏，使之成為芬芳撲鼻的香脂，應該會很受人們歡迎的。

　　於是，憑著濃厚的興趣和對於花卉的充分了解，伊夫‧黎雪經過晝夜奮戰居然研製成了一種香味獨特的植物香脂。他興奮地帶著產品挨家挨戶地推銷，取得了意想不到的結果，幾百瓶試用品沒幾天就賣得一乾二淨。由此，伊夫‧黎雪想到可以利用花卉和植物來製造化妝品。他認為，利用花卉原有的香味來製造化妝品，能給人清新的感覺，而且原料來源廣泛，所能變換的香型種類也很繁多，前景一片看好。

　　他開始遊說美容保養品製造商實施他的計畫，但在當時，人們對於利用植物來製造化妝品是抱否定態度的。黎雪堅信自己的新穎想法一定能夠成功。於是，他向銀行貸款，

建立自己的工廠。西元 1960 年，黎雪的第一批花卉美容霜研製成功，便開始小批量地投入生產。結果在市面上引起了轟動。在極短的時間內，就賣出了 70 萬瓶美容霜，這對於黎雪來說，無疑是個巨大鼓舞。

為了促進銷路，他還別出心裁地在廣告上附上郵購優惠單，他相信一定會引起許多人的注意。於是，他在《這裡是巴黎》雜誌刊登了一則廣告，上面附載了郵購優惠單。《這裡是巴黎》是一份發行量較大的雜誌，結果其中 40％以上的郵購優惠單被寄了回來，伊夫‧黎雪成功了。他這種獨特的郵購方式使他的美容品源源不斷地賣了出去。

不久，黎雪擴建了他的工廠，並且在巴黎的奧斯曼大道上開設了一間專賣店，開始大量地生產和銷售化妝品了。如今他在全世界的分店已近千家，其產品被世界各地的人們所使用。

伊夫‧黎雪別出心裁，獨闢蹊徑，打破常規，利用花卉來製造美容霜，而且採取當時前所未聞的郵購方式，從而使事業取得了巨大的成功。想要獨闢蹊徑去獲得成功、獲得機會，應該從伊夫‧黎雪的成功經驗中吸取有益的啟示。

首先，要能在平常的事情上思考求變。能夠獨闢蹊徑的懶人，其思考富有創造性，善於從習以為常的事物中圖新求異，主動反常逆變，去認識世界，改造世界。

第二章　盪鞦韆5大原理

其次，要不為現行的觀點、做法、生活方式所牽制。巴爾札克（Honoré de Balzac）說：「第一個把女人比喻為花的是聰明人，第二個再這樣比喻的話，就是庸才了，第三個人則是傻子了。」

再次，要留意他人，學習他人，但一定要有自己獨到的見解。要養成獨立思考的習慣，自己在觀察事物、觀察別人成功經驗的同時，獨創出自己的見解。

在我們周圍，許多人在追求成功的道路上，雖窮盡心力，但終究得不到幸運女神的青睞，對於這種人，最好的辦法就是讓他獨闢蹊徑。

■ 你不能摺疊灌籃，但你能摺疊自己的人生

麥可・喬丹——NBA 歷史上最偉大的籃球運動員。他能夠在罰球線上騰空而起，並在空中把自己身體摺疊成 S 型，最後把籃球穩穩扣入籃框。他的「摺疊式灌籃」曾是 NBA 球場半空中一道最亮麗的風景線。

在美國的 NBA 中並不只是喬丹會「摺疊式灌籃」，但是能夠把這一動作做得如此完美的，也只有喬丹才能完成。在我們的生活中，也許你不能做到「摺疊式灌籃」，但是你完全能夠把自己的生命摺疊到一個成功的高度，這已經足夠了。

　　有人曾經問起「飛人」麥可・喬丹，是什麼因素造成他不同於其他職業籃球運動員的表現，而能多次贏得個人或球隊的勝利？是天分嗎？是球技嗎？亦或是策略？他會這樣說：「NBA 裡有不少有天分的球員，我也可算是其中之一，可是造成我跟其他球員截然不同的原因是，你絕不可能在 NBA 裡再找到我這麼拚命的人。我只要第一，不要第二。」

　　你或許會感到不解，到底麥可・喬丹努力不懈的動力來源於何處？那是發生於他高中時一次在籃球上的挫敗，激起他決心不斷地向更高的目標挑戰。就在這個目標的推動下，飛人喬丹一步步成為全州、全美國大學，乃至於 NBA 職業籃球歷史上最偉大的球員之一，他的事蹟一一改寫了籃球比賽的紀錄。

　　那天，喬丹被學校籃球隊退訓。回到家，他哭了一個下午。在那個重大打擊下，他原可能就此決定不再打籃球了，可是沒有，他反而把這個教訓轉變為強烈的願望：為自己制定了一個更高的追求目標，那就是「只要第一，不要第二」。他的決定深植內心且非常堅決，由此改變了自己的命運，也讓籃球比賽的發展為之改觀。

　　麥可・喬丹在談起自己的成功時，他曾這樣說：「循序漸進 —— 成功的唯一途徑。」

　　他談起了在高中他被教練摒棄的事，他開始制定短期目

標，他必須超過全隊中最次的那一位，然後一個一個地超
過去。「一個目標的實現就會引出另一個新的目標，只有這
樣，你才會走向成功。」

麥可‧喬丹舉出一個例子，在生活中都是這樣，一名想
當醫生的學生如果你的理科成績是 C，那你就必須努力，把
自己的目標定為 B，然後是 A，就是這樣，一步步把基礎打
牢，不然，你根本不可能成為一個醫生。

聰明的人，為了要達成主目標常會設定「次目標」，這
樣會比較容易於完成主目標。許多人會因目標過於遠大，
或理想太過崇高而易於放棄，這是很可惜的。若設定「次
目標」便可較快獲得令人滿意的成績，能逐步完成「次目
標」，心理上的壓力也會隨之減小，主目標總有一天也能
完成。

曾經有一位 63 歲的老人從紐約市步行到了佛羅里達州
的邁阿密市。經過長途跋涉，克服了重重困難，她到達了邁
阿密布。在那裡，有位記者採訪了她。記者想知道，這路途
中的艱難是否曾經打敗過她？她是如何鼓起勇氣，徒步旅
行的？

老人答道：「走一步路是不需要勇氣的。我所做的就是這
樣。我先走了一步，接著再走一步，然後再走一步，我就到
了這裡。」

由此可見，做任何事，只要你邁出了第一步，然後再一步步地走下去，你就會逐漸靠近你的目的地。如果你知道你的具體的目的地，而且向它邁出了第一步，你便走上了成功之路！

每個人都應該有偉大的長遠夢想和希望，然而，對於目標設定，成功大師往往建議人們做一個不太成功的人，而不是過度成功的人。

例如，如果你最終想減重 20 公斤，擁有健美的身材，他們會推薦你先減重 10 公斤，而不是試圖向前邁出一大步，一下子減重 20 公斤；不是去健身房一個小時，而是只去 20 分鐘。換句話說，設定一個不太成功的目標，然後迫使自己堅持它。這樣你就不會覺得壓力太大，而是覺得能夠應付。由於覺得自己能夠應付，你會發現自己渴望去健身房，或做生活中其他需要你做或改變的事情。

總之，你要擁有宏偉的大膽的夢想，然後每天做一點事情，也就是說，用小步而不是邁大步摺疊好自己的生命。

每一次看似簡單的重複摺疊都在增加你生命的厚度，你要堅信：重複絕對能夠創造成功！

第二章　盪鞦韆 5 大原理

第三章
增加生命厚度的 6 個必備工具

工具一：勤奮

世界上能登上金字塔的生物有兩種，一種是鷹，一種是蝸牛。不管是天資奇佳的鷹，還是資質平庸的蝸牛，能登上塔尖，極目四望，俯視萬里，都離不開兩個字 —— 勤奮。

勤奮是摺疊你生命的最重要的工具之一，勤奮使你的「重複」從不間斷。

一個人的進取和成才，環境、機遇、天賦學識等外部因素固然重要，但更重要的是依賴於自身的勤奮與努力。缺少勤奮的精神，你是無法把你的生命摺疊到 52 次的，你也永遠領略不到「一覽眾山小」的感覺。

文學大師蕭伯納就是一個非常勤奮的人。

蕭伯納出生在一個公務員的小家庭裡，因為家境貧寒，14 歲中學畢業後未能繼續上大學，到一家不動產企業打工。20 歲到了倫敦，想靠寫作維生，但是遭遇了數不盡的挫折。在長達 9 年的時間裡，他先後寫了 5 部文學作品，這些作品都成了「5 個沉重的褐色牛皮紙袋」。期間他拿到的稿酬總數不過 6 英鎊，其中 5 英鎊還是代寫賣藥廣告的稿酬。他並不氣餒，在這 9 年中，他一面勤奮練習寫作，一面努力進修，到美術館研究繪畫，到圖書館博覽群書，同時積極參與活動。最後他終於登上文壇，成為愛爾蘭傑出的現實主義作家。

　　你也應該像蕭伯納那樣，正確地了解你的工作，勤勤懇懇地努力去做，只有那樣做才是對自己負責的表現。

　　日本松下電器公司總裁松下幸之助說：「我當學徒的 7 年中，在主管的教導之下，不得不勤勉學藝，也不知不覺地養成了勤勉的習性，所以在他人視為辛苦困難的工作，而我自己卻不覺得辛苦，甚至有人認為『太辛苦了』的工作，我卻反覺得很快樂。換個立場說，我覺得快樂的工作，在旁人看來，只不過是認真工作而已，所以我與他人的看法，自然就有差異了。青少年時期，始終被教導要勤勉努力，當時我想，如果把勤勉努力去掉，那麼一個年輕人還剩些什麼？因為年輕人有所期望，才需要勤勉努力，此乃人生之一大原則。事實上，在這個社會裡，對有勤勉努力習性的人，很少被人讚賞是尊貴或偉大，也不會認為他很有價值，因此，我認為大家應該無所顧忌地提升對具有這種良好習性者的評價，這樣才算真正對勤勉習性的價值有所了解。」

　　想要使自己成為一個勤奮的人，必須從以下幾個方面努力：

■ 善於用心工作

　　勤奮工作不僅要盡善盡美地完成工作，還必須用你的眼睛去發現問題，用你的耳朵去傾聽建議，用你的大腦去

思考、去學習。勤奮工作不是機械地「摺疊」，而是用心在「摺疊」中學習知識，總結經驗。在上班時間不能完成工作而加班加點，那不是勤奮，而是不具備在規定時間裡完成工作的能力，是低效率的表現。

■ 記住自己的夢想

只有給自己一個奮鬥的理由，你才能堅定信心，鍥而不捨。有太多的人只為工作而工作或只為薪水而工作，所以他們往往把工作當成一項討厭的責任，或者是懲罰，這種思想注定了他們只會偷懶和拖延。而如果你把它當成實現夢想的階梯，每上一個階梯，就會離夢想更近一點，你還會那麼痛苦嗎？

■ 學會放鬆自己

勤奮總與「苦」和「累」連繫在一起，如果長期處於苦和累的環境中，你可能會厭倦，甚至放棄，所以，適時地獎勵一下自己是非常重要的。勤奮並不是要你一刻不停地做事，把自己弄得筋疲力盡只會導致低效率。所以工作累了的時候不妨花上幾分鐘的時間放鬆一下，給自己緊張的大腦透口氣。

■ 成功之後還要繼續努力

勤奮通向成功，而成功很可能會成為勤奮的墳墓。很多人在憑藉著勤奮努力工作被重用之後，就覺得應該放鬆一下自己了──為自己前段時間那麼辛苦的「摺疊」補償一下，結果又回到原來的那種好逸惡勞、不求上進的生活狀態中去了。因此，你要記住，在取得了一個小目標的成功之後，要重申自己的大目標，告訴自己還有更加美好的前途在等著自己，使自己重新振作，繼續發揮優勢，永不滿足。

那些毅力不搖的英雄所憑藉的是跟蹤中的執著，重壓下的勇敢，逆境中的自信，艱苦中的勤勉和奮發，是在任何環境中的扎實的工作和鍥而不捨的求知精神，這是他們成功的祕訣。

勤奮工作吧！只有勤奮工作，你才可能獲得成功、財富與榮譽。不要因為遇到困難就打退堂鼓，更不要因此就敷衍了事，勤奮將指引你越過所有的艱難險阻，直到成功。

工具二：忠誠

《把信送給加西亞》一書作者阿爾伯特・哈伯德曾說過：「如果說，生命力使人們前途光明，團體使人們寬容，腳踏實地使人們現實，那麼深厚的忠誠就會使人生正直而有意義。」

你若想把自己的生命摺疊更厚，就必須忠誠，對自己的理想忠誠，對公司忠誠，對整個社會忠誠。對我們來說，忠誠永遠都很珍貴。它之所以珍貴，就是因為它是純粹的化身，我們往往很難做到。

忠誠是一個人最應值得重視的美德，因為每個企業的發展和壯大都是靠每個人的忠誠來維持的，如果所有的人對公司都不忠誠，那這個公司的結局就是破產，那些不忠誠的人也自然會失業。

只有對企業忠誠，才能凝聚團隊精神，同心協力，推動企業走向成功。身為員工，也唯有具備了忠誠的特質，才能把自己的人生摺疊更高。

韓梅就是這樣一個依靠自己的忠誠取得成功的人。

韓梅在珠海一家不動產公司擔任業務助理，她每天有打不完的資料，她知道努力工作才是唯一可以和他人競爭的資本，她處處為公司著想，影印紙都捨不得浪費一張，甚至一張影印紙會兩面都用。她的每項工作都體現了對公司的忠誠。

就在她全力投入工作的時候，公司營運陷入困境，員工發薪開始告急，很多人紛紛跳槽，韓梅也有些猶豫了，待在這樣的公司將來自己還能發揮優勢嗎？她思來想去，覺得公司是有發展前景的，她留下了。

人少了，工作量當然會加重，除了登打資料，她還要做許多其他的雜務，但主管已對公司的經營失去信心，整天萎靡不振。有一天，她走進主管的辦公室，直截了當地問主管：「您認為公司已經垮了嗎？」主管很驚訝地說：「沒有。」「既然沒垮，您就不應該這樣消沉。現在狀況確實不好，但許多公司都面臨同樣的問題，並非只有我們。只要好好做，這個專案可以讓公司重振旗鼓。」說完她拿出專案的計劃書，一個月後，她負責的專案使她拿到了 500 萬元。公司很快又步入了正軌。

三年後，她當上了總經理，在與她的員工談話時說：「我從一名業務助理走到總經理的位置，有很多人問我是如何成功的。我說一要用心，二要沒私心。現在很多人一面在為公司工作，一面打著個人的如意算盤，怎麼會在公司有更好的發展呢？世上有些道理本是相通的，比如，夫妻雙方應該彼此忠誠，家庭才能和順。同樣，員工與公司之間也應該彼此忠誠，公司才能夠發達。」

如果一個人缺乏忠誠，頻繁地跳槽，直接受到損害的是企業，但從更深層次的角度看，對自身的傷害更深。

一個頻繁轉換工作的人，在經歷了多次跳槽後，會發現自己不知不覺中形成了一種習慣：工作中遇到困難想跳槽；人際關係緊張也想跳槽；看見好工作想跳槽；有時甚至莫名

其妙就想跳槽，總覺得下一個工作才是最好的，似乎一切問題都可以用轉移陣地來解決。結果是，自己總在失望中從一個地方跳到另一個地方，永遠也達不到自己的人生高度。

大多數年輕人對自己的雇主都懷有一定程度的忠誠之心，至少對於他們現在所從事的工作是這樣的。但這樣的忠誠在很多時候都表現得極其不夠。在對雇主的忠誠方面，我們除了應該做好分內的事情之外，還應該表現出對雇主事業興旺和成功的興趣，不管雇主在不在場，都要像對待自己的東西一樣照看好雇主的設備和財產。

當一個人被要求去做一件他應該承擔的工作的時候，如果他在心裡有這樣的想法「我被聘用不是為了做這種事情的」，那麼他就等於站在了一塊塗了油的木板上，而且這塊木板正在向大海滑動。當這塊木板傾斜到一定角度的時候，他就會被大海的怒濤所吞沒。

而事實上，除了他自己，沒有人會傾斜這塊致命的木板。這塊木板傾斜的原因就是：他對於經過的其他船隻以及岸上的活動比他在船上所做的事情更感興趣。

因此，我們再次強調：在一個成功的公司裡被招聘而來的員工是不會被輕易解僱的，只有那些站在塗滿了油的木板上的人才會最終因木板的傾斜而掉進海裡。

不要指望有任何不須付出的回報，就像摺紙一樣，每一

次摺疊，本身的厚度不僅僅是增加兩倍那麼簡單，忠誠也是一條雙向道，付出忠誠，你將收穫的不僅僅是雙倍的忠誠。

請記住：忠誠是你摺疊更高生命厚度的最大保證。

工具三：敬業

你願意去摺疊自己的生命嗎？你願意為你的重複摺疊付出辛苦嗎？如果答案是肯定的，你應該對你目前的工作充滿敬業的精神。

敬業，就是說，要敬重自己的工作，把它當成自己的事，無論怎麼付出都心甘情願，並且能夠善始善終。

如果一個人能這樣對待工作，那麼一定有一種神奇的力量在支撐著他的內心，這就是我們現在所說的職業道德。在人類歷史上，職業道德一貫為人們所重視，而在世界發展日新月異的今天，它更是一切想成就大業者不可或缺的重要條件。

20世紀初期，德國偉大的哲學家馬克斯‧韋伯（Max Weber）到美國進行考察，他發現美國的經濟非常繁榮，各行各業欣欣向榮，他在考察經濟繁榮的原因時指出，正是美國的文化和宗教因素，很大程度上促成了美國資本主義的繁榮。他發現，任何一項事業背後，必然存在著一種無形的精

神力量。從歐洲逃到美國的新教徒們的教義，形成一股積極進取、勤奮敬業的精神力量，推動了美國經濟的蓬勃發展。

同時，馬克斯·韋伯還發現，在新教中職業概念已經與過去有了大不相同的旨意，它表示了一種終生的任務，一種確定的工作領域，也包含了人們對其的肯定評價，甚至包含著一種宗教因素。在新教看來，造物主的神意已毫無例外地替每個人安排了一個職業，人必須各事其業，辛勤勞作。職業是造物主向人頒發的如何在塵世生存的命令，並要人以此方式為造物主的神聖榮耀而工作。也只有克盡職守、兢兢業業，才能討得造物主的歡心，才能進入千百年來人類夢寐以求的地方。正如《聖經》中有這樣一句話：「你看見辛苦敬業的人，他必站在君王面前」。

可見，只有辛勤的工作，才能確證自己的人生價值。人類史上最為敬業的就是那些為使命感所迫去全世界傳教的牧師們，無論是非洲蒙昧的原始森林、南美洲的崇山峻嶺，還是最為封閉的大山裡，到處都有牧師的身影，他們前往幾乎與世隔絕的窮鄉僻壤、還在茹毛飲血的土著部落、衛生條件極其惡劣的瘟疫流行地區，他們一輩子在那裡傳教，甚至老死在那裡，他們不圖名不圖利，過著極其艱苦的物質生活，僅僅為了自己的神聖使命，完全忘我的工作，直至離開人世的那一天。

人們應該記住他們，他們是人類的職業表率，當自己的職業遇到困惑的時候，每個人都應該多想想他們。

當我們將敬業變成一種習慣時，就能從中學到更多的知識，累積更多的經驗，就能從全身心投入工作的過程中找到快樂。這種習慣或許不會有立竿見影的效果，但可以肯定的是，當「不敬業」成為一種習慣時，其結果可想而知。工作上投機取巧也許只給你的主管帶來一點點的經濟損失，但是卻可以毀掉你的一生。

一個勤奮敬業的人也許並不能獲得主管的賞識，但至少可以獲得他人的尊重。那些投機取巧之人即使利用某種手段爬到一個高位，但往往被人視為人格低下，無形中給自己的成功之路設置了障礙。不勞而獲也許非常有誘惑力，但很快就會付出代價，他們會失去最寶貴的資產 —— 名譽。誠實及敬業的名聲是人生最大的財富。

也許，目前你依舊處於困苦的環境之中，然而不要埋怨，不要怨天尤人，只要你努力工作，窘境很快就能擺脫，並在物質上得到滿足。通往成功的唯一途徑是艱苦的奮鬥，這是被古今中外的無數成功者所證明了的。

有位成功人士說過：「如果你具備了真正做好一枚別針的能力，那麼，這要比你擁有生產粗糙的蒸汽機的能力強得多。」

曾有人向一位成功人士請教:「你為什麼能完成這麼多的工作?」這位成功人士是這樣回答的:「因為我奉行這樣的原則,在某個時間段只集中精力做一件事,但要盡最大的努力把它做好。」

　　對本職工作不了解,業務不熟練,但在失敗後卻反而責怪他人,抱怨社會,這是不應該的。你應該做的是,盡最大的努力精通業務,這實際上並不難,只要你持之以恆地累積。

　　那些對工作粗枝大葉、敷衍了事的人,他們一定缺乏把事情做好的恆心和毅力。這種人不懂得訓練自己的個性,因此很可能永遠都不能達到自己的目標。他們總是試圖同時獲得工作和享樂,卻不明白,魚和熊掌往往是不可兼得的,結果很可能是竹籃打水一場空,或者是撿了芝麻丟了西瓜。

　　實際上,嚴謹的做事風格和練達的處事智慧的獲得並不難,只要你工作時一絲不苟、心無旁鶩就可以。它可以使你從普通走向優秀,從優秀再走向卓越。

　　只要你能時刻將「敬業」視作一種美德,時刻在工作中盡心盡力,你就能在工作中忘記辛勞,得到歡愉,長期堅持,就能透過重複的摺疊來創造輝煌的成功。

工具四：熱情

　　著名成功學大師卡內基把熱情稱為「內心的神」。他說：「一個人成功的因素很多，而屬於這些因素之首的就是熱情。沒有它，不論你有什麼能力都發揮不出來。」可以說，沒有滿腔熱情，你的生命高度是很難維持和持續下去的。

　　所謂熱情就是一個人保持高度的自覺，它能把全身的每一個細胞都調動起來，完成這個人內心渴望完成的工作。熱情是一種強烈的激動情緒，一種對人、事、物和信仰的強烈情感。熱情的發洩可以產生善惡兩種截然不同的力量。

　　歷史上有許多依靠個人熱情改變現實的事蹟。

　　拿破崙發動一場戰爭只需要兩週的準備時間，換成別人那會需要一年。這中間所以會有這樣的差別，正是因為他擁有無與倫比的熱情。拿破崙在第一次遠征義大利的行動中，只用了 15 天時間就打了 6 場勝仗，繳獲了 21 面軍旗，55 門大炮，俘虜 15,000 人，並占領了皮埃蒙特（Piemonte）。在這次輝煌的勝利之後，一位奧地利將領憤憤地說：「這個年輕的指揮官對戰爭藝術簡直一竅不通，用兵完全不合兵法，他什麼都做得出來。」但拿破崙的士兵也正是以這種根本不知道失敗為何物的熱情跟隨著他們的長官，從一個勝利走向另一個勝利。

第三章　增加生命厚度的 6 個必備工具

　　由此可見，軍隊一旦缺乏熱情，就無法克敵制勝。人類一旦缺乏熱情，就不會創造出震撼人心的音樂，不能征服自然界各種強悍的力量，不能用詩歌去打動心靈，不能用無私崇高的奉獻去感動這個世界；如果缺乏熱情，你即使有達到生命高度的願望，也無法變為現實。

　　你要清楚一點，所有的人都具備工作熱情，也許有的人熱情隱藏在恐懼之後，可是總在那裡。熱情是實現願望最有效的工作方式。如果你能夠讓人們相信，你的願望確實是你自己想要實現的目標，那麼即使你有很多缺點別人也會原諒你。只有那些對自己的願望有真正熱情的一流人物，才有可能把自己的願望變成現實。

　　熱情意味著，你知道自己應該做什麼，並掌握了做的方法，而不是為了逃脫職責尋找藉口，你會覺得在生活中做件小事也是很幸福的；你會從心靈深處發出一種強烈而熾熱的感受，並為此而歡欣雀躍；你不會對別人妄加評論，你會願意幫助別人，從中感到愉快和充實。更重要的是，當你充滿熱情時，你會發覺很容易把自己的生命摺疊到一定的高度。當困惑、憂愁、焦躁、悲傷占據你的心靈時，你的熱情會幫助你驅逐這一切。

　　每個人內心都充滿熱情，能感受強烈的情緒，可是沒有幾個人能依此情感行動，他們習慣於將熱情深深地埋藏起

來。你要知道，這種做法是不可取的，在我們生活的周圍許多人都能有意識地創造人生，而不是漫無目的度過一生。而那些最初覺得自己沒有把握能施展力量的人，最後卻能扭轉乾坤。

英國著名詩人珀西・比希・雪萊（Percy Bysshe Shelley）說過：「熱情會使你年輕的，因為對生活充滿強烈希望的人，必定對人生擁有著偉大的熱情。青春和熱情是並駕齊驅的。」

充滿熱情的人知道事情並非永遠是一帆風順的，問題只在於你的熱情激勵了你自己，你的努力增一分，離成功的高度就近一步。

工具五：責任

字典裡對「責任」的定義是：「你樂意承擔的職責和義務。」你願不願意把你的生命摺疊 52 次或更高，這完全取決於你自己。如果你想推脫責任，那麼你就找一個角落獨自去哭吧！沒有人會可憐你。

你要明白，在任何時候，責任感對自己、對國家、對社會都不可或缺。正是這樣嚴格的要求，才推動了我們社會向前發展。

第三章　增加生命厚度的 6 個必備工具

在公司裡，我們經常可以見到這樣的員工，他們在談到自己的公司時，使用的代名詞通常都是「他們」而不是「我們」，「他們業務部怎麼怎麼樣」，「他們財務部怎麼怎麼樣」，這是一種缺乏責任感的典型表現，這樣的員工至少沒有一種「我們就是整體」的認同感，也就是說，他沒有將自身的角色融入團隊當中。

責任感是簡單而無價的。據說美國前總統杜魯門的桌子上擺著一個牌子，上面寫著：Book of stop here（問題到此為止）。如果在工作中對待每一件事都是「Book of stop here」，可以肯定地說，這樣的公司將讓所有人為之震驚，這樣的員工將贏得足夠的尊敬和榮譽。

有一個替人割草的男孩打電話給布朗太太說：「您需不需要除草？」

布朗太太回答說：「不需要了，我已有了割草工人。」

男孩又說：「我會幫您拔掉草叢中的雜草。」

布朗太太回答：「我的割草工人已做了。」

男孩又說：「我會幫您把草與走道的四周割齊。」

布朗太太說：「我請的那人也已做了，謝謝你，我不需要新的割草工人。」

男孩掛斷了電話。此時男孩的室友問他說：「你不就是在布朗太太那裡割草工作嗎？為什麼還要打這個電話？」

206

男孩說：「我只是想知道我究竟做得好不好！」

多問自己「我做得怎麼樣」，這就是責任。

工作本身就意味著責任。在這個世界上，沒有不須承擔責任的工作，相反，你摺疊越高，生命越厚，你肩負的責任就越重。不要害怕承擔責任，要立下決心，你一定可以承擔任何正常職業生涯中的責任，你一定可以比前人完成得更出色。

在需要你承擔重大責任的時候，你應馬上就去承擔它，這就是最好的準備。如果不習慣這樣去做，即使等到條件成熟了以後，你也不可能承擔起重大的責任，你也不可能做好任何重要的事情。

讓我們再看看下面的故事吧！

在墨西哥一個漆黑、涼爽的夜晚，坦尚尼亞的奧運馬拉松選手約翰·史蒂芬·阿赫瓦里（John Stephen Akhwari）吃力地跑進了奧運體育場，他是最後一名抵達終點的選手。

這場比賽的優勝者早就領了獎盃，慶祝勝利的典禮也早已經結束，因此阿赫瓦里一個人孤零零地抵達體育場時，整個體育場已經幾乎空無一人。阿赫瓦里的雙腿沾滿血汗，綁著繃帶，他努力地繞完體育場一圈，跑到了終點。在體育場的一個角落，享譽國際的紀錄片製作人巴德·格林斯潘（Bud Green-span）遠遠看著這一切。接著，在好奇心的驅使下，格林斯潘

走了過去，問阿赫瓦里，為什麼要這麼吃力地跑至終點。

這位來自坦尚尼亞的年輕人輕聲地回答說：「我的國家從兩萬多公里之外送我來這裡，不是為了讓我贏得比賽的，而是派我來完成這場比賽的。」

職責就是他行為的準則。

一個有責任感的人不會抱怨自己的工作，在他的眼裡，不管是什麼樣差事，只要自己感興趣，能夠發揮自己的優勢，就應該做好，這樣才能提高整個團隊的效益。

責任感是不容易獲得的，原因在於它是由許多小事構成的。但是最基本的是做事成熟，無論多小的事，都能夠比以往任何人做得都好。這裡著重要提醒一點，對自己的慈悲就是對責任的侵害，必須去戰勝它。

如果你有很強的責任感，能夠接受別人所不願意接受的工作，並且從中體會出工作的樂趣，那你就能夠克服困難，達到他人所無法達到的高度。

工具六：合作

一個人要想把自己摺疊到一個成功的高度，必須學會與別人一道工作，並能夠與別人合作。如果他想領導一個團體朝著明確目標前進，他需要一支有效的隊伍做後盾。

因為團隊工作意味著協調一致。人與人之間有時會發生衝突，但他們不應該把矛盾延續下去，以致發展到無法共事的地步，這對於雙方的發展都會造成不利的影響。因此，以下建議會對你有很大幫助。

▼ 證自己個性的良好平衡，避免走極端。

▼ 團隊工作中積極主動。

▼ 與自己共事的工作人員中，尋找積極的特質。

▼ 別人表示寄予最大的希望。

▼ 作不能靠命令來維護。

▼ 別人的行為理應受到尊敬時，向別人誠摯地致以敬意。

合作的力量是無窮的，這樣淺顯的道理，一旦被掌握和運用，就能產生巨大的推動力，讓運用它的人在事業上前進、成功。

你的工作要得到別人的支持而不是反對，必須喚起別人合作的願望，使他們直接或間接地看到自己的利益。人們都希望得到的這樣的一種賞識：承認他們正在做的工作是很有價值的，是值得花時間和精力去做的工作。他所做的事情，對他的人生旅程非常重要。這就強調了一個事實：要不斷地得到合作，就必須讓人們做有意義的事情。

每一個事業有成的人，在成功的路上，都曾經得到別人

第三章　增加生命厚度的6個必備工具

許多幫助。因此我們應該把幫助別人當成回報，這是公平遊
戲規則。只要你熟諳這項借力與合作的訣竅，很快地，你將
會達到成功的厚度。

第四章
把你的生命再摺疊一次

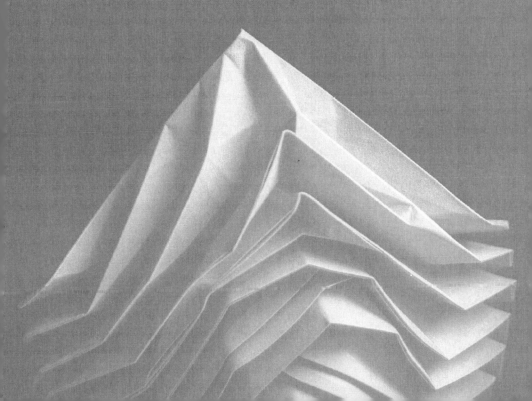

再摺疊一次

　　成功和失敗的人其實在能力上頭並沒有很大的差異，但是兩者之間卻有一個很大的分界線，那就是他們對於挑戰潛能極限的渴望的差別。

　　如果你希望把你的生命厚度增加得更高，那麼現在就激發你的潛能，把它再摺疊一次，你所看到的風景將更加美麗。

　　一位著名學者曾說過：「一生當中真正能夠充分發揮自己具備的資源的人可以說是寥寥無幾。我們就像是一口非常深的井一樣，雖然具備充沛的資源，但是大多數都沒有充分利用。」

　　有時，我們對待工作也是這樣，往往只挖掘表面的資源，但是自己最好的資源卻沒有好好發揮或是利用，雖然我們必須投入更多的時間以及金錢才能夠挖深一些，但是隨之噴出的豐富蘊藏卻絕對值得這樣的努力。

　　工作首先是一個態度問題，是一種發自肺腑的愛，一種對工作的真愛。工作需要熱情和行動，工作需要努力和勤奮，工作需要一種積極主動、全力以赴的精神。只有以這樣的態度對待工作，我們才有可能向更高的目標摺疊。

　　事實上，人們必須付出龐大的心力才能夠在工作中取得卓越的成績，但是如果只找個藉口當作自己不全力以赴的理由，那並不用費什麼力氣。如果你想要在工作中出類拔萃，那就一定要付出相當的代價，這是沒有什麼捷徑可以走的。

　　因此，當我們面對既定的人生方向，我們應該從中全力以赴地挖掘其內在潛力，激發出我們內心的能量，把我們的生命厚度摺疊更高。我們必須做到以下幾點：

■ 挖掘自己的潛能

　　在我們生活的周圍，有些人對於自己的經驗、成就已經得到滿足，而且從一些簡單的工作中就可以獲得很大的滿足感，所具備的技能也只夠應付他們現在所從事的工作。但是那些善於挖掘的人則不同了，他們會尋找冒險的機會，不斷測試自己的極限，而且他們不只是希望能夠發揮所長，還希望能夠提升自己的潛能。

　　你要挖掘自己的潛能，就必須不斷提升自己的表現要求才能夠達到最理想的境界，光是安於現狀是無法讓你達到這樣境界的。你得專心一致地努力，才能夠提升自己目前表現的水準，要求高一些督促自己超越目前的表現，不要安於現狀。

第四章 把你的生命再摺疊一次

■ 不要自我設限

一位成功人士曾這樣說:「唯一能夠讓你窒礙不前的限制是你自己在心裡為自己設下的障礙,或是放任別人為你設下的限制。」

探索你的內在潛能意味著拓展心靈的疆界。如果你自我設限,光是在心裡的障礙周圍耕耘,那麼自然無從發現內心深處豐富的潛能。把思想的格局擴大,超越眼前的疆界,不要為其所擋,深入內心,探索深層的潛能寶藏。

你從內心深處所能夠發掘的寶藏,將是取決日後成就的重要關鍵。每次當你在決定什麼事情的時候,把內心自我設限的疆界拋到一邊,你的能力自然能夠大受提升,而且表現也會跟著越發搶眼。

■ 做好摺疊的準備

著名心理學家馬斯洛表示,心靈健康達到最佳境界的所需條件有以下幾項:

▼ 對自己的情緒負責,其中包括了自己快樂與否。

▼ 就算你所嘗試的事情或是所冒的險帶來了最糟糕的後果,也必須勇敢的承擔。

▼ 探尋內心深處蘊藏的能量,這樣的自我探尋雖然有時候

是很痛苦的過程，但是要在所不惜。

▼ 為放任自己的負面情緒負起責任。

▼ 對自己以及他人具有同情心及理解。

▼ 不要把自己的缺點、失望或是痛苦推卸給別人，說都是別人的責任。

▼ 跟著自己的感覺走，不要等別人的同意 —— 即使這表示有時候難免和自己身邊的人爆發衝突。

根據這幾項先決條件，能夠協助你讓心靈的健康達到最理想的狀況，這些條件不但讓心裡的疆界以及藉口瓦解，還能夠讓你居於主導的地位，充分掌握摺疊生命的各種機會和可能性。

不管你對於成功的定義如何，不管你對於自己的成就有多麼自傲，你所掌握的能力在自己所蘊藏的豐富潛能裡頭只能是鳳毛麟角而已，你只是碰到表面而已，你得更深入探索，才有機會達到更新、更高的成功境界，你根本無須安於現狀，你要相信自己有更大的潛能。

「凡事都要做到最完美的境界，」英國著名外交家切斯特菲爾德伯爵（Lord Chesterfield）這麼建議，「雖然大多數的情況下，完美的境界幾乎都是可望不可及的。但是只要不屈不撓，至少會越來越接近這個境界，如果只是放任自己的惰

性，或是老是垂頭喪氣，那麼很容易就會以不可能的理由放棄追求。」

在摺疊生命的過程中不斷追求更高境界，你就要把表現的標準提高，對你的生命再摺疊一次。你要超越別人對你的期望，千萬不要接受平庸的表現，不管是你自己還是別人都是一樣。

你能比你高

也許你已經把你的生命對摺了 52 次，但這並不是你最終的目的，正如前文所說，你的生命可以再一次摺疊，得到的高度完全超越了你本身。只有不斷超越本身，你才會不斷向前發展。

你要記住：你能比自己更高。

義大利著名畫家達文西說：「一個人不應該一味去模仿別人，因為這樣他會被稱作是自然的孫子，而不是兒子。」現在，人們已經普遍認同了這句話，在這個世界上唯一不變的就是「變化」。不僅是變，是變得很快，變得讓人捉摸不定。而成功往往就蘊藏在瞬息萬變中。誰變得快，變得跟上甚至超越了潮流，誰就是真正的贏家。

我們看看現在誰在這個世界上獨領風騷，就不難發現，

現在已經不是大魚吃小魚，而是快魚吃慢魚，真正的贏家是那些目標高遠、勇於超越的先行者。

美國著名成功學大師東尼·羅賓斯（Tony Robbins）說：「如果你是個業務員，賺1萬美元容易，還是10萬美元容易？告訴你，是10萬美元！為什麼呢？如果你的目標是賺1萬美元，那麼你的想法只是為了混口飯吃。如果這就是工作的目標與原因，請問你工作時會充滿熱忱嗎？」

讓我們再看看下面的故事。

在一個炎熱的一天，一群人正在鐵路的路基上工作，這時，一列緩緩開來的火車打斷了他們的工作。火車停了下來，最後一節車廂的窗戶（這節車廂是特製的並且帶有空調）被人打開了，一個低沉的、友好的聲音響了起來：「大衛，是你嗎？」大衛·安德森（David Andersen）—— 這群人的負責人回答說：「是我，吉姆，見到你真高興。」於是，大衛·安德森和吉姆·默菲（Jim Murphy）—— 鐵路的總裁，進行了愉快的交談。在長達1個多小時的愉快交談之後，兩人熱情地握手道別。

大衛·安德森的下屬立刻包圍了他，他們對於他是鐵路總裁默菲的朋友這一點感到非常震驚。大衛解釋說，20年以前他和吉姆·默菲是在同一天開始為這條鐵路工作的。其中一個人問大衛，為什麼你現在仍在驕陽下工作，而吉姆·

第四章　把你的生命再摺疊一次

默菲卻成了總裁。大衛非常惆悵地說：「20 年前我為 1 小時 1.75 美元的薪水而工作，而吉姆‧默菲卻是為這條鐵路而工作。」

如果你是一個學生，只為分數而學習，那麼你也許能夠得到好分數。但是，如果你為知識而學，那麼你就能夠得到更好的分數和更多的知識；如果你是一名員工，只為薪水而工作，你只能得到一筆很少的收入。但是，如果你是為了你所在公司的前途而工作，那麼你不僅能夠得到可觀的收入，而且你還能得到自我滿足和同事的尊重。你對公司所作的貢獻越大，就意味著你個人所得到的回報就會越多。

如果你把摺紙當作是一種單純的重複，也許你會把紙摺疊到一定的高度；但是如果你把生命單純地做重複摺疊，那麼你不會對自己有一個超越。你要明白，人生的變化腳步實在太快，我們必須超越過往才能夠生存，或是有所發展。

美國有個很有名的牧師曾經這麼說過：「過去種種猶如昨日死。如果我們把過去的歷史緊緊拖在身後不放，那麼自然也沒有足夠的力量邁入明日的世界。」

不管你的過去有多麼輝煌，當你著眼於未來、並且為未來做準備的時候，昨日的種種就再也沒有那麼重要了。因此，我們應該把心力投注在更高的目標上，而不是緬懷過去的成績。

你要超越自己，你要構建自己的未來，這就必須做到以下幾點：

■ 掌握自己的原則

如果一個人每天背負著太多的疑慮那無疑是個很沉重的負擔。其實只要能夠掌握自己的原則，困難和疑慮自然能夠迎刃而解。人生的道路上，你所秉持的價值觀以及原則是什麼？你在哪些地方願意有所彈性，哪些地方又絕對沒有討價還價的空間？只要你能夠對這些問題做出非常清楚的界定，人生的道路自然會出現相當明顯的輪廓。

■ 檢討自己的看法

如果我們對於未來沒有任何希望，難免會沉溺在過去的世界裡頭而不肯有所改變；相反的，如果我們對於未來有信心的話，自然會對生命的每一次摺疊都充滿力量。

在我們摺疊生命的過程中難免會有挫摺，但是整日抱怨未來可能發生的事情只會使得我們原來的高度下降。未來的發展固然不盡如人意，但是當你在排斥、生氣或是抵抗的同時卻也喪失了大量的精力。不妨把眼界放寬，謹守自己秉持的原則，保持對於未來的信心，然後把精力投注在機會的掌握上。

■　保持一定的彈性

當事情的發展不盡如人意的時候，如果人們能夠及時尋找新的替代方法，便能夠避免陷入失望的情緒裡。不要總埋怨人生的不公平，應該把精力花在發掘珍貴的機會上，並且好好加以掌握。只要能夠掌握這個原則，你就能夠獲得更大的動力，不斷地超越自我。

■　專注未來的遠景

一位作家曾這樣說：「當我們對於自己想要的未來勾勒出一幅藍圖的時候，同時也是掌握了人生的方向。我們對於生活的選擇、對於命運的抉擇，以及對於理想的追求，都會呈現在我們對於未來遠景的藍圖上頭，而且當我們不計一切代價努力追求這樣的遠景時，同時也會呈現出我們對於這些抉擇的深深投入。」

如果你能夠主動追求未來的遠景，而不是讓未來操縱你的生活，那麼你一定能夠超越自己。這就是我們要說的，你能比你高

你能比你高

電子書購買

國家圖書館出版品預行編目資料

厚積學，打破想像的桎梏：盪鞦韆五原理 × 摺紙實驗佐證，你只要每天進步 1%，總有一天會變得無比強大！/ 康昱生 著 . — 第一版 . — 臺北市：財經錢線文化事業有限公司 , 2023.04
面 ； 公分
POD 版
ISBN 978-957-680-625-4(平裝)
1.CST: 成功法
177.2　　112004392

厚積學，打破想像的桎梏：盪鞦韆五原理 ×
摺紙實驗佐證，你只要每天進步 1%，總有
一天會變得無比強大！

臉書

作　　　者：康昱生
發 行 人：黃振庭
出 版 者：財經錢線文化事業有限公司
發 行 者：財經錢線文化事業有限公司
E - m a i l：sonbookservice@gmail.com
粉 絲 頁：https://www.facebook.com/sonbookss/
網　　　址：https://sonbook.net/
地　　　址：台北市中正區重慶南路一段六十一號八樓 815 室
Rm. 815, 8F., No.61, Sec. 1, Chongqing S. Rd., Zhongzheng Dist., Taipei City 100, Taiwan
電　　　話：(02) 2370-3310　　　傳　　　真：(02) 2388-1990
印　　　刷：京峯彩色印刷有限公司（京峰數位）
律 師 顧 問：廣華律師事務所 張珮琦律師

定　　　價：320 元
發行日期：2023 年 04 月第一版
◎本書以 POD 印製